KB190722

# 아랍 무슬림 디아스포라를 만나다

사랑의 윤활유와 아랍어라는 접착제로 친구를 사귀며,
소수 사랑공동체 형성하기

**글로벌리더십포커스**
Global Leadership Focus

글로벌리더십포커스(이하 GLF)는 한국해외선교회(GMF) 산하 훈련 기관으로 타문화 사역자들을 21세기 글로벌 선교 시대에 부응하는 지도력으로 향상시키기 위해 2007년 설립된 선교사 연장 교육 기관이다. 비형식적, 비공식적, 공식적 교육을 효율적으로 사용해 타문화 사역자들로 하여금 자신이 하고 있는 사역 분야에 대하여 전문성을 준비하여 성숙한 지도자가 되는 것을 목표로 한다. 특히, GLF 사역의 일환으로 2012년에 출범한 KGLI(Korean Global Leadership Institute)는 말레이시아 침례신학대학원(MBTS)과 공동으로 선교학 박사학위(D. Miss.) 과정을 통해 한국의 선교 지도력이 성장하도록 돕고 있다.
Homepage: www.glfocus.org

# 아랍 무슬림 디아스포라를 만나다
사랑의 윤활유와 아랍어라는 접착제로 친구를 사귀며, 소수 사랑공동체 형성하기

| | |
|---|---|
| **1 판 1 쇄 발 행** | 2022년 10월 20일 |
| **발 행 처** | 사)한국해외선교회 출판부(GMF Press) |
| **지 은 이** | 안석열 |
| **발 행 인** | 양승헌 |
| **출 판 편 집** | 한국선교연구원(KRIM) |
| **주 소** | 서울 양천구 목동중앙본로18길 78, 4층 |
| **전 화** | (02)2654-1006 |
| **이 메 일** | krim@krim.org |
| **등 록 번 호** | 제21-196호 |
| **등 록 일** | 1990년 9월 28일 |

© 2022년 한국해외선교회 출판부(GMF Press)

이 책의 전부 혹은 일부를 서면 허가없이 전재 및 복사할 수 없습니다.

# 아랍 무슬림 디아스포라를 만나다

사랑의 윤활유와 아랍어라는 접착제로 친구를 사귀며,
소수 사랑공동체 형성하기

**Copyright © 2022 by GMF Press.**
**Seoul, Korea**

# 목차

| 추천사 · 6
| 감사의 말 · 12
| 들어가는 말 · 16

1_우리에게 다가온 무슬림 · 19

2_이슬람 문화와 세계관 · 25

3_'이슬람' 포비아 떨쳐버리기 · 57

4_국내 아랍 무슬림의 삶의 현장 · 75

5_국내에서 무슬림으로 살아가기 · 95

6_교회개척 이론과 교회개척의 자세 · 117

7_국내 아랍 무슬림을 위한 단계별 사역 · 131

8_소수 사랑공동체 형성하기 · 147

9_'형제사랑 윤활유' 치기 · 157

10_'아랍어 접착제' 붙이기 · 163

| 덧붙이는 말 · 174
| 나가는 말 · 179
| 주 · 183

# 추천사 가나다순

이 책을 읽으면서 27년 전 안양지역에서 외국인 노동자를 위한 사역에 참여하였을 때 경험하였던 시행착오와 좌절을 떠올리지 않을 수 없었다. 그리고 무엇보다도 이러한 사역을 위한 지침이 될 만한 도서가 없어서 무척 아쉬워했던 일이 생각났다. 지역교회에서 이러한 사역은 전문가도 없고 대상자들의 문화와 언어에 대한 이해도 크게 부족한 상태에서 그냥 어떻게든 그들을 예배에 참석시키려 하고, 별다른 과정도 없이 개종을 시키려 하는 조급함을 보여왔고, 오랜 기독교 전통을 가진 나라에서 온 그리스도인들과 이슬람권에서 온 사람들을 구분조차 하지 않는 등 엄청난 시행착오를 오랫동안 겪어왔다. 무엇보다도 이들이 우리보다 가난한 나라에서 온 사람들이라는 것 때문에 알게 모르게 우월감을 가지고 함부로 대하는 일들이 교회 안에서도 일어나서 참으로 민망하고 부끄러운 경우가 많았다. 우리나라는 오랫동안 단일민족, 단일문화, 단일언어를 자랑스럽게 생각해올 만큼 타문화에 대한 이해가 부족하고 더 나아가 외국인에 대해 배타적이었다. 근래에 와서 한국의 국제적 위상이 높아지고, 해외여행이 빈번해진 것, 외국인 노동자가 없으면 여러 가지 산업이 마비될 만큼 한국사회의 중요한 구성원이 된 것 등으로 인해 외국인과 그들의 다양한 문화에 대한 인식이 달라지고 있지만, 아직도 개선되어야 할 점이 많은 것도 사실이다. 이런 가운데 안석열 선교사가 그의 전문성과 경험, 그리고 선교학적

연구와 묵상을 바탕으로 쓴 이 책은 오랜 가뭄 끝에 내린 단비처럼 반갑다.

저자는 이 책에서 아랍어를 사용하는 이슬람권에서 온 다양한 사람들을 대하면서 이들이 겪는 여러 가지 어려움과 고통을 함께 나누며, 이들을 하나님의 형상을 가진 동등한 인격체로 대하고, 그리스도의 사랑을 보여주는 모습을 실감나게 보여주고 있다. 상대방이 사용하는 언어 사용과 그들의 문화 또는 세계관을 이해하는 것의 중요성이 잘 나타나 있어서 이슬람 또는 아랍권 이외의 다른 여러 문화권에서 온 사람들을 위한 사역에도 중요한 지침이 될 수 있다는 것도 감사한 일이다. 그리고 이와 같은 선교 과업의 다양한 면과 진행 과정에 대해 선교학자들과 전문가들이 제시하는 지침을 잘 정리해 준 것도 고마운 일이다.

나는 안석열 선교사 부부와 30년 이상 여러 가지 형태로 동역하고 친밀한 관계를 갖게 되는 특권을 누렸다. 안 선교사는 성경번역 선교사로서 언어습득과 음성학 등 언어학적으로 남다른 은사를 갖고 있을 뿐 아니라 한결같은 언행일치의 올곧은 자세와 겸손한 모습, 흐트러짐이 없는 성실함으로 존경을 받아왔는데, 이 책을 읽으면서 더욱 자랑스럽게 생각하게 되었고 앞으로의 사역에도 큰 기대를 갖게 되었다.

**김동화** 전 GBT 대표, 전 GMF 대표

서구 사회가 무슬림 이민자들에게 육체적인 필요를 제공하는 데는 성공했지만 그들의 영적인 필요를 공급해 주는 데는 실패했습니다. 무슬림들로 인한 서구사회 혼란의 원인은 그들의 '진정한 필요'(Real-Needs)를 외면한 채 '피상적 필요'(Felt-Needs)만을 채우려 했기 때문입니다. 육체적 필요를 채우는 행위는 그들의 삶에 일시적인 안정을 제공해 줄 수는 있습니다만 그들의 정신적, 영적 안정을 제공해 주지는 못합니다. 한국에서 서구의 실패가 반복되지 않도록 하기 위해서는 무슬림들에 대한 보다 치밀한 분석과 이해가 필요합니다. 북아프리카에서 성경번역 사역을 감당하셨던 안석열 선교사는 누구보다 깊고 넓은 무슬림 이해를 지니고 있는 분입니다. 저자는 자신의 풍부한 경험과 식견을 토대로 한국에 찾아 온 무슬림들을 어떻게 지혜롭게 도울 수 있는가를 탁월한 통찰을 통해 현명하게 제시해 주고 있습니다. '이슬람 공포'를 뛰어넘어 '무슬림 사랑'을 실천하기 위해 반드시 필요한 인류학적 지식과 사회학적 자료들을 충분히 제공해 주고 있을 뿐만 아니라, 무슬림들을 품고 그들을 영적으로 변화시킬 수 있는 다양한 실천적 방법들을 잘 정리해 주고 있기에 추천합니다.

**김학유** 합동신학대학원대학교 총장

이 책은 아랍 문화와 세계관, 그리고 아랍인 디아스포라에 관해서 이론적, 실천적 주제를 다루고 있다. 이 책은 기본적으로 학술적이지만, 북아프리카와 국내 아랍 이주민 사역을 통해서 얻은 저자의 경험을 함께 풀어냈기 때문에 읽는 재미가 쏠쏠하다. 저자는 올바른 지식에 입각해서, 두려움을 내쫓는 것이 사랑임(요일 4:18)을 역설한다. 교회는 이슬람 움마보다 더 뛰어난 사랑공동체여야 한다는 온유한 외침 속에서 저자의 따뜻한 마음이 느껴진다. 우리의 이웃으로 다가와 있는 무슬림, 아랍 이주민, 그리고 중동과 북아프리카의 아랍 무슬림을 마음에 품고 있는 사람이라면 이 책을 꼭 읽도록 추천하고 싶다.

**안점식** 아신대학교(ACTS) 선교학 교수

저자는 17년이라는 긴 세월을 그리스도인에게는 척박할 대로 척박한 그들의 땅에서 성경번역 선교사로 하루 같이 살았다. 오직 무슬림들이 언젠가는 자신들의 언어로 성경을 읽고 그 결과 하나님의 자녀가 될 수 있다는 한 가지 소망을 가지고 말이다. 그런 꿈은 이제 더 손에 닿을 만큼 가까이 다가왔다. 한국에 입국한 중동과 북아프리카의 무슬림들을 향한 복음의 문은 앞으로 충분히 열릴 가능성이 있기 때문이다. 그러나 시간이 흐를수록 그들 나름대로 한국화된 무슬림이 되지 말라는 법이 어디에 있는가! 저자는 그와 같은 조류를 어떻게 하면 바꿀 수 있는가를 제시하기 위해 이 책을 집필한 것이다. 이 책을 통해 현재 한국교회와 선교계가 우리 문 앞에까지 다가온 중동과 북아프리카 무슬림들을 어떻게 이해하고 포용해야 하는가에 대한 도움을 받게 된다면, 이들을 위한 복음 전파에도 더 큰 영향력을 발휘할 수 있다고 믿기에 이 책을 적극 추천하는 바이다.

**이태웅** 선교학 박사, 한국해외선교회(GMF) 글로벌리더십포커스 원장

이 책은 헌신된 선교사가 무슬림의 세계를 통섭의 눈으로 보고 그들과 가까이 갈 수 있는 방법을 제시해 주고 있다. 이슬람 문화와 세계관, 이슬람에 대한 두려움 버리기, 국내의 무슬림과 그들의 삶, 무슬림을 위한 교회개척과 단계별 사역, 소수 사랑공동체와 윤활유 치기, 아랍어 접착제 붙이기와 같은 내용은 의미 있는 주제들이다. 아무쪼록 전염병, 전쟁과 테러, 기후변화로 인한 인류의 대이동의 시대, 인터넷에 의해 국경이 허물어진 시대, 감정의 지정학과 종교적 지정학에 의해 세계질서가 바뀌는 상황을 이해하고, 국내 무슬림 선교에 관심을 가질 수 있도록 이 책이 모든 이들에게 널리 공유되기를 기대한다.

**장훈태** 백석대학교 은퇴교수. 아프리카미래협회 회장

안석열 선교사의 저서 『아랍 무슬림 디아스포라를 만나다』는 시기적절한 때에 출판되어 한국교회 성도들이 어떻게 현재 200만이 넘는 이주민 중 20여만 무슬림들에게 다가가서 하나님의 사랑과 복음을 전해야 하는가? 라는 질문에 정답을 주고 있다. 그동안 한국교회의 이슬람대책위원회에서 내놓은 이슬람에 대한 소개는 이슬람 포비아 쪽으로 기울어져 있어 성도들로 하여금 이슬람은 무서운 종교라는 인식을 가지게 했고, 무슬림

들에게 다가가지 못하고 그들을 소외시키는 결과를 낳았다. 저자는 오랫동안 북아프리카의 선교경험을 통해 학문적으로 연구한 박사 논문을 이야기식으로 풀어서 소개했기에 무슬림들에게 하나님의 사랑과 복음을 전하는 좋은 도구가 되리라 생각한다. 이 책이 이주민을 섬기는 선교사들뿐 아니라 무슬림들에게 그리스도의 복음과 사랑을 전하고자 하는 모든 성도들에게 무슬림 선교의 가이드북으로 자리잡기를 응원한다.

**전철한** 한국외국인선교회(FAN) 대표


아랍 무슬림 디아스포라를 향한 '합당한 복음 대화'를 요청하는 이 책을 읽는 동안, 한 문장이 떠올랐다. "잘잘못에 대한 생각을 / 넘어선 저 멀리에 / 들판이 있다 / 나, 그대를 그곳에서 만나리" 할레드 호세이니의 세 번째 소설『그리고 산이 울렸다』에 인용된 13세기 페르시아 시인 루미의 글이었다. 어딘가에 흔적으로 남았다가 고개를 든 거였다. 어떤 느낌도 떠올랐다. 최근 130억 년 전의 빛을 포착했다는 제임스 웹 망원경에 관한 기사가 내 안에서 형성한 느낌. 하나님의 광대하심 앞에서 내 존재가 한순간 무한히 작은 점으로 축소되는 '희열과 만족'이었다. 그 빛의 실체와 나 사이에 존재하는 130억 년을 감당할 수는 없지만, 하나님께서 그걸 품고 계신다는 사실은 더 선명한 진실이 되는 순간이었다. 나는 아침마다, 하나님의 말씀이 비추는 그의 광대한 가슴에서 '그의 절대적 옳으심'을 느끼는 동안, '잘잘못에 대한 생각을 넘어선 저 먼 들판'을 느끼곤 한다. 하나님의 절대적 옳으심 앞에서 내 시선의 지독한 임시성과 상대성을 자각하고, 한 점보다 작은 '나'를 인정하는 동안, 위대한 자유와 너그러운 용납의 기쁨을 맛보는 것이다. 물론, 무슬림 세계 안에 엄연히 존재하는 억압적이고 폭력적인 문화와 문화적 실천들이 여전히 무겁고 힘들게 느껴질 때가 있으나, 그것으로 인해 그 세계를 두려워하고 있는 우리 이웃 무슬림들의 긴장을 간과하는 것은 옳지 않다. 그리하여 그들을 막연한 의심과 두려움으로 인식하는 것은 강렬한 핍박의 시대를 통과했던 이 땅의 신자들에겐 합당하지 않다. 그래서 이 책이 호소하려는 마음, 곧 '모든 사람을 특히 무슬림들을 하나님의 형상으로, 한 존귀한 사람으로 받으려는 열망'이 편했다. 이미 2백만 이상의 이주민들과 동거하고 있는 우리에게 가장 필요한 인식은 하나님의 사랑이 우리에게 다가왔을 때, 우리 현실이 어떠했었는지를 잊지 않는 방식이어야 한다고 설명하는 이 책이 고마웠다. 진정한 복음 대화가 사람을 사람으로 받아, 원수였던 나에게 다가온 그 사랑이 내 경계심과 두려움과 의심을 허물었던 방식으로, 그들을 향하는 걸음에서 시작된다는 호소가 좋았다. 그리고 그들에게로 가서 그들과 마주 앉아 나눈 대화와 그들을 둘러싼 우리를 그 대화에 참여시키려는 실천들이 즐겁고 고마웠다. 이 책이 가지는 힘은 저자의 그런 밝은 다정함에서 나오는 것 같았다.

**정갑신** 예수향남교회 담임

국제화 시대를 맞아 많은 무슬림들이 한국사회로 들어오고 있다. 성도인 우리는 이들을 어떻게 맞으며 섬겨야 하는가? 라는 주제에 대한 많은 고민들이 한국교회 안에 있다. 막연한 두려움을 가지고 '무슬림들이 모종의 계획을 가지고 전략적으로 한국사회에 들어오고 있으므로 대책을 마련해야 한다'는 목소리도 높다. 그러나 역사의 주인이신 하나님께서 이들을 우리에게 보내주시고 계신 것이라 여기며, 복음을 위한 선한 기회로 잘 활용해야 한다. 북아프리카에서 여러 해 동안 무슬림들을 섬겼던 저자는 무슬림 이주 난민들의 문화와 세계관을 알기 쉽게 설명함으로 우리가 막연한 두려움을 이겨내고 혐오와 배제가 아닌 환대와 사랑으로 그들을 섬기기를 격려하고 있다. 하나님께서 친히 우리에게 보내주신 무슬림들을 더욱 잘 사랑하고 섬기는 일에 이 책이 크게 도움이 됨으로 적극 추천한다.

**화종부** 남서울교회 담임

# 감사의 말

(아랍 무슬림 디아스포라를 만나기까지)

11년 9개월(2010년 12월 말) 전, Bee 종족의 말로 성경을 번역하며 살아가던 북아프리카에서 갑작스레 귀국했습니다. 더 이상 머물 수 있는 비자를 얻지 못했기 때문입니다. 귀국할 때까지만 하더라도 국내에서 잠시 숨을 돌린 후 언제든지 타문화권, 이왕이면 아랍 이슬람권으로 다시 나가려던 마음이 가득했습니다. 긴박한 시간을 보내던 귀국 직전부터 지금까지의 시간을 되돌아보니 '하나님이 나를 안전하게 하신, 내 믿음을 연단하신, 어떤 상황에서든지 복음을 전하게 하신, 동역자를 통하여 하나님께서 친히 당신의 일을 이어 나가고 계신' 시간이었음을 깨닫습니다.

국내에 들어온 이후 이 책을 쓰기까지 여덟 가지 영역에서 하나님은 저를 준비시키셨습니다.

## 휴식 시간

2011년 포항에서 1년간의 안식년 동안 한 일이라고는 먹고, 자고, 책 읽고, 기도하는 일이었습니다. 이때 축적한 영육 간의 에너지와 마음의 회복과 여유가 지금까지 이어진 국내에서의 사역을 가능하게 한 원동력이었습니다.

## 기도 응답

안식년 때의 기도제목은 단 한 가지였습니다. "하나님, 제가 내년(2012년)부터는 어디에서 무슨 일을 함으로써 주님과 주님의 백성들을 섬겨야 하는 거지요? 제가 어떻게 결정해야 하지요?" 새벽마다 부르짖는 저의 기도에 하나님은 9월 초에 응답을 주셨습니다. "뭐? 네가 결정한다고? 아니, 내가 결정한다!" 강하게 내 마음을 두드리는 음성을 들은 뒤로는 하나님께서 무슨 일을 결정하실 것인가 그저 촉각을 곤두세우며 살피는 일만 해야 했습니다. 왜냐하면 내가 할 수 있는 일이라고는, 내가 나서서 해야만 하는 일이라고는 아무것도 없음을 깨달았기 때문이었습니다.

## 물질 공급

물론 국내에서 사역하게 되었다는 이유로 파송교회에서 파송이 중단된 적도 있었지만, 귀국한 지 11년 9개월이 지난 지금까지도 Covid-19 팬데믹의 어려운 상황 가운데서 한국교회의 재정적 지원은 변함없이 유지되고 있습니다. 우리 가족은 이를 '국내에서 아랍 이주민/난민 사역을 계속할 수 있도록 허락하고 계시는구나!'라는 신호로 받아들이고 있습니다.

## 본부사역의 경험

지금 이 순간까지도 내가 북아프리카 한 곳에만 머물러 있었다면 그 지역밖에 모르는 아주 편협한 시각을 가진 사역자에 불과했을 텐데, 동원훈련 분야에서 4년 반 동안 일을 하면서 한국교회의 일반적 관심사와 세계선교 동향과 상황을 비교적 상세히 보고 경험할 수 있었습니다. 동료 선교사와의 교제는 물론 선교와 관련한 수많은 세미나와 포럼과 회의에 참석하면서 전 세계적으로 고민하고 있는 선교 이슈를 파악하고, 배울 수 있었던 점이 얼마나 큰 유익이었는지요!

### 언어&문화습득 컨설턴트

GMF 에서 저의 경험과 은사를 고려하여 언어&문화습득 컨설턴트로 2년간 섬기도록 기회를 주셨습니다. 이 역할을 계기로 GBT, GMP, GMS, GMTC, GP, WEC, 바울선교회, 온누리교회 OSOM, 총신과 합신과 지역교회에서 '타문화 언어습득 이론과 실제'란 주제로 강의를 할 수 있었습니다. 게다가 현재까지 합신과 동산고에서 아랍어를 가르치고 있고, 틈틈이 아랍인에게 한국어를 강의하면서 그들과 친구가 될 수 있었습니다.

### 사랑 담긴 열정

국내 거주 MENA[1] 출신 아랍인을 보기만 하면, 아랍권에 나가려는 일꾼들만 보면, 아랍어를 배우고자 하는 사람을 만나기만 하면, 아니 아랍에 관심을 가진 사람을 보기만 하면 그저 여전히 가슴이 뛰고 마음이 설레고 들뜹니다.

### 학업

아랍 이슬람권에서 경험한 것들을 되돌아보며, 이론적으로 사역을 정리해보고, 이를 통해 국내에 살고 있는 12,000 여 명의 아랍 무슬림을 위해 어떻게 교회개척을 할 수 있을 것인가를 고민하며 적용해 보라는 격려를 받으면서 논문[2]을 쓰게 하셨습니다.

### 네트워크를 통한 협력의 기회들

현재 20 만 명이 넘는 무슬림 이주자(Diaspora)를 위해 땀 흘리는 사역자들과 네트워크를 만들어서 그들을 위한 섬김이의 역할을 조금씩이나마 할 수 있게 하셨습니다.

이런 여덟 가지 영역에서 준비시켜 주신 하나님은 우리 부부에게 2020년 초부터 국내거주 아랍 이주민을 위한 소수 사랑공동체 형성 사역을 시작하게 하셨습니다. 내가 하고픈 일, 내가 좋아하는 일, 내가 잘하는 일은 반드시 '해야만 하는 일'에 통합되어야 하는데, 이러한 사역 선택의 원리가 국내 거주 아랍인을 위한 소수 사랑공동체 형성 사역을 시작하는 데에 중요한 동기를 부여했습니다. 자칫하면 '해외 타문화권에 나가지도 못한 채 국내에 주저앉게 되는구나'라는 자책감에 빠질 법도 했지만, 나의 모든 상황과 여건을 아시고 가장 적절한 때에 가장 적절한 일을 가장 적절한 곳에서 시작하게 하신 하나님을 찬양합니다. 할렐루야!

이 책을 쓸 수 있도록 격려해 주시고 여건들을 허락해 주신 KRIM(한국선교연구원)의 홍현철 원장님, GLF의 이태웅 목사님과 박경선 선교사님, GBT 대표이신 김현 선교사님께 감사를 드립니다. 그리고 저희 가정의 파송 교회인 남산교회(담임 한주원 목사님)와 동역하는 교회들과 개인 동역자님들의 사랑과 기도에 감사를 드립니다. 늘 격려를 아끼지 않는 가족들, 32년간 함께 지내온 아내 미스바, 우리나라와 아랍나라를 잇는 사랑의 가교역할을 하고 싶다며 아랍지역학과에서 공부하고 있는 아들 성주, 선교지에서의 삶의 경험을 살려 통번역 대학원에서 한불/불한 통역을 전공하고 있는 딸 임주에게도 감사의 마음을 전합니다. 이 외에도 추천사를 써 주신 김동화 전 GMF 대표님, 김학유 총장님, 안점식 교수님, 이태웅 글로벌리더십포커스 원장님, 장훈태 교수님, 전철한 대표님, 정갑신 목사님, 화종부 목사님께 깊은 감사를 드리며, 크고 작은 일로 도와주신 분들, 그리고 제가 기억하지 못하는 도움들까지 아낌없이 베풀어 주신 모든 분들께 감사를 드립니다. 아무쪼록 이 자그마한 책이 국내 거주 MENA 출신 무슬림과 이주민/난민들을 위해 사랑의 수고를 아끼지 않고 있는 모든 동역자님들께 적으나마 도움이 될 수 있도록 도움의 손길을 베풀어 주신 모든 분들께 다시 한번 깊은 감사를 드립니다.

# 들어가는 말

　이 책을 왜 쓰게 되었을까? 북아프리카에 살면서 매일매일 만났던 아랍 무슬림들을, 심지어는 사하라(아랍어로 '사막'이라는 뜻) 북부의 높은 분지 조그만 시골 마을에 찾아가야만 만날 수 있었던 이들을 우리나라에서 만났기 때문이다. 이들은 내가 만나자마자 먼저 "앗살라무 알라이꿈!"(평화가 당신 위에 임하기를!)이라고 인사하면, "와 알라이꾸무 앗살람!"(그리고 당신 위에도 평화가 임하기를!)이라고 대답하면서 반가움을 감추지 못하고 놀라움을 금치 못한다. 아랍어를 할 줄 아는 한국인을 만났으니까! "나, 아랍 나라에 살아봤는데, 너무 힘들었다. 날씨도 덥고, 아랍어도 어렵고, 비자 받기도 힘들고… 넌 우리나라에서 사는 거 힘들지 않니?"라고 물어보면 입에서 줄줄줄 쉬지 않고 힘든 점을 얘기한다. "내가 도와줄 일이 없을까?"라고 운을 떼기만 하면 이런저런 실제적인 도움을 요청한다. 나는 그들을 도와주면서 자연스럽게 그들의 친구가 되어간다.

　내가 단지 아랍 무슬림들을 국내에서 만났기 때문에 신이 나서 그들을 소개하려고 이 책을 쓴 것이 아니다. 국내에 들어온 이들을 기독교인으로서 어떻게 대하며 섬길 수 있을 것인가 하는 실제적인 방법들을 나누고 싶었기 때문이다. 나아가 이들과 함께 살아가려는 우리에게 따라오는 도전이 무엇인가를 나누고 싶었기 때문이기도 하다. 본서는 깊은 학문적 이론에 근거하여 써 내려간 글이기보다는 국내 아랍 이주민 사역을 하면서 그

간 경험하고 배우고 느낀 점들을 소개하고 정리한 글이다. 누구든지 국내에 들어와 있는 무슬림들을 잘 이해하고, 그리스도의 사랑을 그들에게 소개할 수 있는 동기와 자신감을 갖출 수 있도록 돕는 도우미의 역할을 하는 책이 된다면 더 이상 바랄 것이 없다.

이 책의 원고를 마무리할 때쯤 도대체 왜 이 책을 펴내야 했는지 그 이유를 아래와 같이 다시 한번 정리해 보았다. 우리나라에 이주해 온 무슬림은 전체 이주민 숫자의 약 10%에 지나지 않는다. 그러나 한국사회와 한국교회는 끊임없이 '이슬람이 몰려온다', '이슬람이 우리나라에서 세력을 확장한다'는 표현을 일삼고 있다. 그러나 이런 표현보다는 '무슬림이 복음을 접할 기회를 더 많이 가지게 되었다'란 표현이야말로 기독교인이 가져야 할 관점이라고 본다. 어차피 복음의 전파나 수용성은 세상 국가들의 상호주의 원칙에 의해 공평하게 착착 이루어지지 않고 있음을 세계 역사 속에서, 그리고 지금도 보고 있기에 무슬림을 위한 선교사역이 어렵다고 의기소침해서는 안 되며, 도리어 주님이 주시는 힘과 지혜로 지고 나가며 헤쳐나가야 할 영역으로 여겨야 한다.

한국교회(성도)가 우리나라에 들어온 외국인 무슬림을 환대하고 사랑으로 대한다면, 다문화 정책이 실패했다고 한 유럽의 여러 나라의 전철을 밟지 않으리라 믿는다. 무슬림을 혐오하고 배제하려는, 그래서 무슬림을 두려워하는 마음을 지니고서는 다문화 정책이 결코 성공할 수 없다. 이슬람 대책 마련에만 힘쓰려는 관점은 세상적으로는 '바람직하다', '지혜롭다'라고 평가받을 수 있을는지는 모르나, 세상을 품어야 하는 교회의 관점이나 하나님의 관점과는 차이가 있어 안타깝다. 아무쪼록 이 책을 통해서, 하나님이 보내주신 아랍 이주민/난민의 문화와 세계관을 잘 이해하고, 그들을 환대하고 사랑으로 대함으로써 무슬림을 주 예수 그리스도께 인도하는 기회들이 많아지기를 소원한다.

# 1

## 우리에게 다가온 무슬림

# 우리에게 다가온 무슬림

## 쉽게 만날 수 있게 된 무슬림

나는 1992 년 5 월 GMTC(한국세계선교회 한국선교훈련원) 장기 선교 훈련 프로그램 중의 하나인 비전트립(선교지 탐방 활동)을 러시아와 중앙 아시아 3 개국(카자흐스탄, 키르기스스탄, 우즈베키스탄)으로 다녀왔다. 이 때 생애 처음으로 무슬림들을 눈으로 목격했다. 서울 보광동에 있는 중학 교를 다녔는데, 중 2 때(1976 년)부터 이태원 언덕 위에 우뚝 세워진 모스 크를 멀리서 바라보며 등하교를 하곤 했다. 하지만 직접 모스크 안에 들어 가 보기는 그해 중앙아시아에서가 처음이었다. 사실 2001 년에 발생한 9.11 테러와 2003 년에 발발한 이라크 전쟁(제 2 차 걸프전쟁) 전까지만 하 더라도 중동과 북아프리카, 혹은 중앙아시아나 동남아시아 땅을 직접 방 문하지 않으면 우리 대부분은 무슬림들을 좀처럼 만날 수 없었다. 그들은 지리적으로 우리와는 멀리 떨어진 부류의 사람들이었던 것이다. 그러나 지금은 방송매체(TV, 라디오, 신문, 인터넷 등)에서 이슬람교나 무슬림과 관련한 뉴스를 자주 들을 수 있게 되었고, 일상생활 중에도 무슬림들을 쉽 게 만날 수 있게 되었다. 일반 국민들도 송중기와 송혜교가 주연을 맡은 드라마 '태양의 후예'를 통해 무슬림이 대다수를 이루는 국가를 화면에서 나마 구경할 수 있었다. 드라마 속에서 이슬람의 경전 '꾸란'이 기록된 언어인 아랍어를 들을 수 있었고, 오른쪽에서 왼쪽으로 써 나가는 철자법 때문에 잘못 표기된 아랍글자라도 구경할 수 있었다. 이제 우리는 탈레반이나 알카에다나 IS(ISIS: Islamic State of Iraq and Syria)의 테러 소식을 전하는 뉴스에서 '알라후 아끄바르!'(알라는 가장 위대하시다!) 등의 아랍어 문장을 심심찮게 접할 수 있게 되었다.

## 국내 체류 외국인의 무슬림 인구 비율

법무부 출입국 「외국인정책 통계월보」에 의하면, 2019 년 4 월 말 기준 2,787,695 명이던 국내 체류 외국인은 Covid-19 팬데믹 기간을 지나면서 2022 년 3 월 말 기준 1,966,276 명이 되었다. 3 년간 무려 29.5%가 감소하였다. 그러나 코로나가 한풀 꺾이면서 줄었던 국내 외국인의 수는 다시 증가 추세에 있다. 국내 체류 외국인 숫자는 2007 년에 100 만 명을 넘어선 이후, 9 년 만인 2016 년에 200 만 명을 돌파하였고, 2019 년에는 이미 우리나라 전체 인구의 5%를 넘어 유엔이 인정하는 다문화 국가가 되었다. 현재 200 여만 명에 가까운 국내 외국인 중에서 무슬림들은 몇 퍼센트를 차지하고 있을까? 2021 년 12 월 「외국인정책 통계월보」에 의하면, 국내 체류 외국인 무슬림 인구는 204,556 명이며, 이 가운데 이슬람 협력기구 (OIC: Organization of the Islamic Conference) 57 개 회원 국가 출신의 무슬림들은 171,133 명이다. 무슬림은 전체 이주민의 10% 정도를 차지하고 있다고 보면 된다. 한국 사회가 '이슬람이 몰려온다!' 라는 세찬 홍보의 물결 속에서 홍역을 치른 것에 비하면, 실제로 무슬림의 비율은 전체 이주민 숫자에 비해 낮은 편에 속한다. 그렇다면 20 여만 명의 무슬림들 가운데 22 개 아랍연맹(중동 12 개국, 아프리카 10 개국)¹ 출신의 아랍 무슬림들은 몇 명이나 될까? 2022 년 1 월 「외국인정책 통계월보」에 근거한 아랍연맹

22 개국의 국내 거주자는 중동 12 개국에서 온 5,275 명, 아프리카 10 개국에서 온 6,000 명으로 총 11,275 명이다. 이는 국내 거주 외국인 무슬림의 5.5%이며, 전체 이주민의 0.6%에도 못 미치는 적은 숫자이다.

## 한국인 무슬림은 몇 명이나 될까?

앞에서 국내 체류 중인 외국인 무슬림의 숫자를 살펴보았다. 이쯤 되면 한국인 무슬림은 몇 명이나 될까 궁금함이 앞설 것이다. 한국 이슬람교 중앙회 홈페이지(http://www.koreaislam.org)에서는 1964 년 3,700 명이었던 국내 체류 무슬림이 2017 년에 135,000 명(한국인 무슬림 35,000 명, 외국인 무슬림 100,000 여 명으로 추산)으로 증가했다고 홍보하였다. 그때보다도 5 년이 지난 2022 년 한국인 무슬림은 더 늘어났다고 보는 것이 자연스러울 것이다. SNS 상에서 이슬람을 홍보하는 한국인 무슬림들을 더 자주 보게 된 것도 한국인 무슬림이 늘어난 증거의 하나가 될 수 있겠다. 그러나 실제로 국내 20 여 개[2] 모스크에서 금요일 집회에 참석하는 한국인 무슬림은 다 합쳐도 50 명 안팎임을 언제든지 눈으로 확인할 수 있다. 그런데도 왜 이렇게 한국교회와 사회는 대한민국이 이슬람화할 것이라고 겁을 먹고 두려워하는가? 더 이상 이슬람을 두려워해서는 안 되며, 무슬림을 무서워할 필요가 없다는 점을 이 책에서 틈틈이 설명하기로 한다.

## 하나님의 주권이 드러나다

사도행전의 저자 누가는 사도 바울의 아덴(아테네)에서의 설교 가운데 한 구절을 이렇게 기록하고 있다.

(하나님께서는) 인류의 모든 족속을 한 혈통으로 만드사 온 땅에 살
게 하시고, 그들의 연대를 정하시며, 거주의 경계를 한정하셨으니(행
17:26).

인류의 연대를 정하시고 거주의 경계를 한정하시는 일은 여전히 하나님
의 역할이지, 인간이 주도하는 일이 전혀 아니다. 그러므로 21 세기 오늘
날의 인류가 대륙을 옮겨가며 이곳저곳에 흩어져 살아가는 모습 또한 하
나님의 주권 아래에서 이루어지는 일이지, 결코 인간이 일부러 만들어내
는 모양새가 아님이 분명하다.

몇 년 전에 C 국에서 추방당한 후배 선교사에게 격려의 말을 건넸다.

그곳을 떠나게 된 것이 왜 당신의 잘못이라고 죄책감을 가지느냐?
그러지 마라. 아무리 조심을 해도 이미 정부에서는 우리의 신분을
다 알고 있다. 단지 그 시간에 내보내기로 정한 것뿐이다. 그렇다면
이 모든 과정에 하나님께서는 침묵하셨던 것일까? 아니다. 하나님이
역사를 주관하신다는 믿음이 있지 않은가? 하나님이 허락하신 것이
다. 어느 누구도 그 역사를 바꾸거나 되돌릴 수 없다.

합동신학대학원의 전 총장이셨던 정창균 교수의 설교 중 한 마디가 머
리에 박혔다.

하나님의 주권이 개입하지 못하는 단 1 초의 시간도, 단 1mm 의 공
간도 존재하지 않는다!

이 말씀이 어찌 크리스천 사역자들에게만 해당되는 말이겠는가! 2022
년 5 월 말 통계에 따르면 전 세계 난민이 1 억 명을 돌파했는데, 이 난민

들의 움직임 또한 온 세상을 움직이시는 하나님의 주권 하에서 이루어지는 일임을 우리는 믿고 고백해야 하지 않겠는가!

이런 맥락에서 볼 때 우리나라에 이주민이 많이 들어와 정착하는 것은 하나님의 뜻과 주권이 분명하게 드러난 현상임이 틀림없다. 다시 말해 우리에게 다가온 무슬림은 그들 스스로가 우리 땅에 찾아온 것처럼 보이지만, 사실은 하나님이 그들을 우리 땅에 보내 주신 것이다. 그렇다면 왜 그들을 우리에게 보내 주셨을까? 기독교인으로서의 대답은 간결할 수밖에 없다. 이슬람 국가에서는 자유롭게 복음을 들을 수 없는 환경이었는데, 맘껏 하나님의 복음, 사랑의 복음, 예수 그리스도의 복음을 듣게 하려고 보내신 것이다. 그렇다고 그들이 저절로 복음을 듣게 되는가? 아니다. 전하는 누군가가 있어야 한다. 바로 나를 통해서 듣게 된다!

# 2

## 이슬람 문화와 세계관

# 이슬람 문화와 세계관

## 문 밖의 선교시대

앞 장에서 언급한 내용처럼, 이제는 대한민국 내에 거주하고 있는 무슬림들이 많아져서 전국 어디에서나 무슬림들을 볼 수 있고 만날 수 있게 되었다. 자기 집 문만 열고 밖으로 나가면 이들에게 복음을 전할 수 있는 '문 밖의 선교시대'가 된 것이다. 이전에는 비행기나 배를 타고 자국을 떠나야만 타문화권 사람들을 만날 수가 있었다. 당연히 타문화권 선교도 자국을 떠나야만 이루어질 수 있었다. 2 만여 명의 한국 선교사가 200 여 개 타문화 국가에 파송된 이유이다. 그러나 지금은 200 여 개 국가에서 온 200 여만 명의 외국인, 즉 타문화권 사람들이 우리나라에 살고 있다. 이러한 시대를 살아가는 기독교인들은 국내 체류 외국인의 10%를 차지하는 무슬림을 어떻게 이해하고, 어떻게 대하며, 이들과 어떻게 하면 함께 살아갈 수 있는가 고민하지 않을 수 없게 되었다. 우리에게 보내주신 무슬림들에게 하나님의 사랑을 나타내고, 하나님의 복음을 전해야 하는 것이 당연함에도 불구하고 아직도 무슬림을 혐오하고 배제하는 움직임이 너무 강하다.

## MENA 무슬림

본서에서는 무슬림이라 하더라도 내가 이전에 사역했던 곳에서 만났고, 지금도 국내에서 만나고 있는 중동과 북아프리카(MENA: Middle East & North Africa) 지역에서 온 아랍 무슬림을 대상으로 이야기를 풀어나갈 것이다. 한국 내에 거주하고 있는 MENA 출신 무슬림들의 문화와 세계관은 우리의 문화와 세계관과는 다르다. 물론 같은 동양권이라서 같거나 비슷한 점도 많다. 그런데 중동의 아랍 무슬림은 아시아에 속해 있지만, 북아프리카의 무슬림은 아프리카에 속해 있는데도 동양권이라 할 수 있을까? 그렇다고 할 수 있다. 왜냐하면 북아프리카 무슬림은 아랍 무슬림이 7세기 후반에 북아프리카를 점령할 당시 기독교인이었다가 무슬림이 된 토착 원주민인 베르베르인을 제외하고는 대부분 그때 진출한 아랍인들로 구성되어 있기 때문이다. 이제 아랍 이슬람권 문화와 아랍 무슬림의 세계관이 우리의 것과 어떻게 다른가, 나아가 그 다름을 이해하고 둘 간의 사랑의 다리를 잇는 방안이 무엇인가를 살펴보도록 한다. 이러한 다름을 극복하고 어떻게 하면 이들에게 적합한 교회를 개척할 수 있을 것인지 적용 방법을 제안하는 것이 본서의 기록 목적임을 밝힌다.

## 논문을 재(再)기술하다

본서는 필자의 말레이시아침례신학대학원(MBTS: Malaysia Baptist Theological Seminary) 선교학 박사학위(D.Miss.) 논문을 바탕으로 딱딱한 학위 논문의 서체를 피하고 고정된 논문 형식을 탈피함으로써, 독자가 편하게 읽어나갈 수 있도록 재기술한 책이라 볼 수 있다. 논문의 제목은 "한국 내 중동 및 북아프리카 무슬림 공동체를 대상으로 한 교회개척 전략: 문화와 세계관 차이를 중심으로"(A Church Planting Strategy for the Middle East- ern and North African Muslim Communities in Korea with a Focus on Culture and Worldview Differences)이다. 논문을 쓰기 위해 선행문헌 연구를 하는 동안 한국의 이슬람 현황과 그에 따른 한국교회의 대응 방안 이라는 수많은 종류의 논문들을 발견할 수 있었다. 대부분 논문은 국내에 무슬림 이주민들이 증가하기 시작하던 무렵부터 쓰인 것이 많아서 우리에 게 다가온 무슬림들로 인해 이슬람이 확산하는 것을 경계해야 한다는 내 용에 치중되어 있었다. 무슬림들의 세계관이 변하기까지 그들을 이해하고 사랑으로 대하여 회심한 이들을 중심으로 한 교회개척을 시도해야 한다고 주장하는 논문은 찾아보기가 어려웠다. 이러한 상황 가운데서 쓰인 이 논 문은 MENA 출신 무슬림과 BMB[1] 34 명을 아랍어로 심도 있게 직접 인터 뷰함으로써 그들의 문화와 국내 거주 상황을 이해하고 '이슬람' 포비아 (Islamophobia)를 물리칠 수 있도록 도와주는 최초의 논문이라는 평을 받 았다. 즉, 국내 거주 BMB 의 회심과 세계관 전환과정에서의 어려움과 그 극복 방안을 파악함으로써 기독교인이 국내 거주 MENA 출신 무슬림들에 게 어떻게 다가가야 할지를 안내할 수 있다는 데에 그 가치를 둘 수 있는 논문인 셈이다. 이제 이슬람 문화와 세계관을 파악하기 위해 문화와 세계 관이 무엇인지 살펴보도록 한다. 그러고 나서 MENA 출신 아랍 무슬림의 문화와 세계관이 한국인의 문화와 세계관과 어떤 차이가 있는지를 비교해 볼 것이다.

# 이슬람 문화

## 문화의 정의

문화란 무엇인가? 문화라는 단어는 정치 문화, 사회 문화, 경제 문화, 교육 문화, 교통 문화, 음식 문화, 놀이 문화, 학교 문화, 00 단체(조직) 문화, 가정 문화와 같이 다양한 분야나 장소를 가리키는 단어와 합성어로 쓰이고 있다. 루이스 루즈베탁(Louis L. Luzbetak)은 문화를 "사회적으로 습득되고, 상호 교류하는 인간 그룹에 따라 사회적으로 공유된 아이디어의 다이나믹한 체계"[2]라고 했다. 필자는 이 말을 '수많은 세월이 흐르면서 어떤 사회에 거하는 사람들이 언어, 종교, 역사, 날씨, 의상, 교육, 예절, 규범, 법, 도덕, 경제, 가치관 등의 영향을 받으며 익힌 관습들이 사회 전반에 걸쳐 생활의 한 양식으로 굳어진 체계'라고 풀어서 정의하겠다.

다음의 <그림 1>과 같이 각각의 문화는 로이드 콰스트(Lloyd E. Kwast)가 "문화의 이해"[3]에서 설명한 4 중 구조처럼 되어 있는데, 눈에 보이는

그림 1. 문화의 4 중 구조

가장 겉모습은 행동이며, 이 행동 안에 가치관이, 그리고 그 가치관 안에 신념이, 그 신념 안에 세계관이 녹아 있다. 문화의 4중 구조를 쉽게 이해할 수 있도록 예를 들어 보자. 우리는 신호등이 빨간 불일 때는 사람이나 차량 모두 멈춘다. 그리고 파란 불이 되면 다시 출발한다. 문화적인 관점에서 볼 때 교통 문화에서의 '행동'은 빨간 불일 때 멈추고, 파란 불일 때 가는 것이다. 그렇다면 이렇게 신호등의 색깔에 따라 행동을 하는 까닭, 신호를 지키는 이유는 무엇일까? 이 행동을 좀 더 파고 들어가면 이 행동 안에 어떤 '가치'가 숨어 있음을 알게 된다. 즉, 안전을 추구하기 위해 질서를 지키는 것이 중요하다는 '가치'가 그 '행동' 안에 스며있는 것이다. 그렇다면 도대체 무슨 '신념(믿음)'이 있기에 질서와 안전을 지키려 하는가? 이 '가치'를 좀 더 들여다보면 바로 하나밖에 없는 생명을 귀중히 여기는 신념(믿음)이 들어있음을 알 수 있다. 생명은 하나밖에 없는 귀중한 것이라는 신념이 있기 때문에 아무리 약속 시간에 늦는다고 하더라도 목숨을 내놓고 빨간불에 통과할 수는 없는 법이다. 그렇다면 이제 우리는 답을 해야 한다. 왜 하나밖에 없는 생명이 그렇게도 귀중한 것인가? 이에 대한 대답을 들어보면 대답하는 이의 세계관을 파악할 수가 있다. 기독교인은 기독교 세계관에 입각하여 이렇게 대답할 것이다. "인간은 하나님의 피조물이요, 하나님의 형상이므로 그 인간의 생명은 귀중한 것입니다."

이 문화의 4중 구조를 층계 구조로 달리 표현할 수 있다. <그림 2>에서 보는 바와 같이 계단 제일 위 칸에 서 있는 어떤 사람(여행자)이 타문화권으로 이주하여 산다고 생각해 보자. 여행가 신세로 살면서 그가 그 문화권에서 한 계단씩 내려가 깊이 들여다보면 그 문화의 가치관과 신념이라는 더 깊은 내면을 볼 수 있게 되며, 마지막 계단에 내려가서는 그 문화의 세계관에 다다를 수 있게 된다. 국내에 거주하는 MENA 출신 무슬림과의 관계 속에 들어가 그들의 행동을 관찰하면 그들의 가치관을 알 수 있고, 그 가치를 좀 더 깊이 내려가 들여다보면 그 가치가 어떤 신념에 근거하는

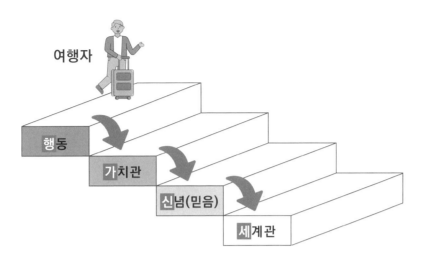

여행자

행동

가치관

신념(믿음)

세계관

그림 2. 층계 구조로 본 문화

지 알 수 있다. 그리고 그 신념 내부를 들여다보면 그들의 세계관이 보이는 법이다.

층계 구조로 파악할 수 있는 아랍 무슬림의 문화를 이해하는 데 도움이 되는 예를 하나 들도록 한다. 필자는 현지 대학에서 교수 비자를 얻어한국어를 가르쳤다. 한국어를 가르친 첫해, 세 번째 수업시간이 끝났는데, 남학생 하나가 내게 편지 하나를 건네주었다. 손으로 깔끔하게 쓴 편지에는 아랍어도 불어도 아닌 서로 간의 공통 언어인 영어로 이렇게 적혀 있었다. "From Today, I became your slave."(오늘부터 나는 당신의 종이 되었습니다.) '아니, 어떻게 내게 이런 말을 할 수 있지?' 도대체 무슨 뜻인지이해가 되지 않았다. 일주일 후 한국어 수업 중 휴식시간에 조용히 그 학생을 불러 물어 보았다. "학생은 왜 지난주부터 내 종이 되었다는 거죠?" "선생님, 아랍어 속담을 모르세요? '누군가 내게 새로운 글자를 가르쳐 주었으면 나는 그의 종이 된다'라는 속담이요. 선생님은 제게 한글이라는 새로운 글을 가르쳐 주셨으므로 저의 주인입니다. 말씀만 하옵소서!" 전혀 들어 본 적이 없는 속담이었다.

이 남학생의 설명을 층계 구조로 보는 문화에 따라 분석해 보자면, "오늘부터 나는 당신의 종이 되었습니다"라고 남학생이 편지를 보낸 것은 계단 가장 위 칸에 있는 '행동'이다. 이 '행동'에 배어 있는 '가치'는 스승을 존중해야 한다는 것이다. 왜 스승을 존중하지 않으면 안 되는가? 한 단계 더 깊이 내려가 살펴보면, 스승에게는 내게 없는 권위가 있다는 '신념'이 있기 때문이다. 이 '신념'에서 한 계단 더 내려가면 볼 수 있는 이슬람의 '세계관'이 있다. 바로 이 세상의 모든 권위는 알라가 부여한 것으로서, 권위를 가진 자는 지상에서 '알라의 그림자' 역할을 하기 때문에 그에게 반드시 복종해야 한다는 세계관이다. 아랍어 '이슬람'이라는 단어의 뜻이 '복종'이고, '무슬림' 이란 단어의 뜻이 '복종한 사람'이라는 말에서도 이 세계관을 다시 한번 확인할 수가 있다.

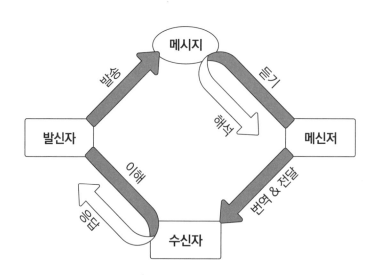

그림 3. 의사 전달 구조

## 의사 전달 구조

복음을 전하러 새로운 지역으로 들어가는 사람들은 결코 문화적인 진공 상태 속으로 들어가는 것이 아니라, 그 사람들이 살고 있는 문화 속으로 들어가는 것이다. 그러므로 한국 내에 살고 있는 MENA 출신 무슬림들을 만나러 가는 것은 그들의 문화 속으로 들어간다는 말이다. 이러한 문화의 4 중 구조와 층계 구조를 잘 파악해야만 앞의 <그림 3>의 의사 전달 구조와 같이 발신자 하나님이 발송한 메시지(복음)를 메신저인 사역자(전달자)가 잘 듣고 해석한 후 현지인 수신자의 문화에 걸맞게 번역하여 전달할 수 있게 된다. 그럴 때에야 수신자는 발신자의 원 메시지를 이해하고 발신자에게 응답할 수 있게 된다. 결국 수신자가 발신자의 원 메시지를 잘 이해하고 응답하는 것이 가장 중요하다. 하나님께서 인간과 소통을 하실 때 수신자 중심의 의사소통을 하신 것이 성경에 가득 차 있다. 만약 복음을 전하면서 장애가 생길 때에는 수신자가 복음에 적대적인 이유를 찾아야 하며, 자기 문화 중심주의(ethnocentrism)를 버렸는지 점검해야 할 것이다. 에녹 킴(Enoch Kim)은 이러한 장애가 생길 때에는 다리를 놓아야 하는데, 그 다리는 수신자의 문화와 연관되어야 하며, 수신자의 필요를 파악해야만 놓을 수 있다고 했다.[4]

## 세 종류의 문화

우리는 누구든지 자신의 문화와 차이가 많은 곳에서 살아갈 때 상당한 고충을 겪는다. 세상에 흩어져 살고 있는 무슬림들도 예외가 아니다. 무슬림이 대다수를 차지하는 중동을 포함한 대부분의 아시아와 북아프리카 문화는 수치심과 명예를 기반으로 하는 문화(Shame-Honor culture)이다. 이는 공동체의 집합적인 문화로서 공동체의 기대를 채우지 못할 때에는 부끄러움을 느끼며, 잘못을 저지른 경우에는 자신이 속한 공동체 앞에서 명예를 회복하는 데에 애를 쓴다. 즉, 인간관계 속에서 자신의 잘못으로 인하여 수치심이 생기면 어떻게 해서든지 그 관계를 바로잡아 수치심을 제거하고 명예를 되찾고자 하는 노력을 기울이는 문화이다. 이와는 반대로 대부분의 서양 문화는 죄책감과 결백을 기반으로 하는 문화(Guilt-Innocence culture)이다. 개인주의가 발달한 사회의 문화로서 법을 어기는 것은 죄책감을 유발하기 때문에 대가를 치르려고 처벌을 받거나 용서를 구하려 애를 쓴다. 즉, 잘못을 저지르면 죄책감을 느끼므로 그 죄를 용서받아 해결함으로써 결백과 무죄를 추구하려는 문화이다. 한편, 애니미즘을 기반으로 하는 종족사회, 정령숭배 사상이 만연한 곳에서는 두려움과 능력을 기반으로 하는 문화(Fear-Power culture)가 기저에 깔려 있다. 악이나 해를 두려워하여 주술적인 의례를 통해서 영적인 세계를 넘나들기 위해 능력을 추구하게 된다. 즉, 다양한 신에 대한 두려움을 극복하려고 힘을 추구하는 문화라고 할 수 있다. 이러한 모습은 민속 이슬람에서도 발견된다. 이러한 문화적 기반의 차이가 무슬림들이 기독교에 다가가는 데에 방해가 되고 있는 이유이기도 하다.

그런데 지구상 모든 지역에서 나타나는 이 세 종류의 문화는 창조주 하나님과 피조물인 인간의 관계를 잘 표현해 주고 있다. 인류의 조상인 아담과 하와는 하나님이 먹지 말라 명하신 선악을 알게 하는 나무의 과실을 따먹은 순간 그들의 눈이 밝아져 하나님과 같이 되지 않았다. 도리어 세 종류의 문화 각각의 첫 번째 영역인 부끄러움(Shame)과 죄책감(Guilt)과 두려움(Fear)을 느꼈다. 그래서 여호와 하나님의 낯을 피하여 동산 나무 사이에 숨었고(창 3:8), 자신이 옷을 벗었으므로 두려워하여 숨었노라고 대답하였다(창 3:10). 이러한 죄인이 구원을 얻으려면 세 종류의 문화 각각의 두 번째 영역인 영예로우시고 영광스러운(honor), 죄가 없으신(innocence), 모든 일에 능하신(power) 하나님께 나아와야 한다. 롤란드 뮬러(Roland Müller)도 그의 책 *The Messenger, the message and the community*[5]에서 개인 중심적인 문화에서의 죄책감과 자존심의 상실, 집단 중심적인 문화에서의 수치심과 체면 손상은 세계관에 굉장한 영향을 미친다고 했다. 이 둘은 모두 성경에서 말하는 죄와 관련이 있으므로, 죄책감과 수치심이 강하게 자리 잡고 있으면 있을수록 죄와 구원에 대한 성경적 의미를 이해하는 데 더 큰 도움을 얻을 수 있다고 본다. 세 종류로 분류되는 이 문화는 결국 죄를 지은 인간이 죄책감으로 부끄러워하고 두려워하는 상태에서 영광스러우시고 죄가 없으시며 전능하신 하나님 앞에 나와야만 삶이 풍성해질 수 있음을 보여주고 있다. 어쩌면 문화는 하나님 앞에서 이루어지는 인간의 삶과 구원의 여정을 드러내는 역할을 하는 것이라고도 볼 수 있다.

## 아랍 무슬림의 주요 문화

가장 두드러지는 이슬람의 문화, 그 가운데서도 아랍 무슬림의 문화를 손꼽으라 한다면 다음의 일곱 가지를 들 수 있다.

### 1. 손님 접대(hospitality)

아랍어에 "내 집이 네 집이고, 네 집이 내 집이다"[6]라는 속담이 있다. 내게 오는 손님에게 가장 편한 마음으로 지낼 수 있도록 배려하는 마음이 담겨 있다. 반대로 내가 누군가의 집에 초대받아 갔을 때도 나는 마치 내 집에 머무는 것처럼 편안하게 부담 없이 지낼 수 있다. 아랍권 어느 나라든지 큰 도시를 방문할 경우를 제외하고는 먹을 것과 잠잘 곳을 걱정하지 않아도 된다. 카페에 앉아서 음료를 마시는 동안 누군가 다가와 말을 건다. 커피를 마시며 얘기를 나누다가 오늘 점심은 어디서 먹느냐고 묻는다. 식당을 알아봐야 한다고 하면 자기 집에 가서 먹자고 한다. 가서 점심을 먹고 차를 마시면서 이야기꽃을 피우다가 저녁은 어디서 먹느냐고 물어본다. 역시 식당을 알아봐야 한다고 하면 저녁도 자기 집에서 먹자고 한다. 저녁을 먹고 나면 숙소는 정해졌느냐고 묻는다. 모텔이나 호텔을 알아봐야 한다고 하면 자기 집에서 자고 가라고 한다. 이러한 환대(hospitality) 문화야말로 무슬림의 두드러진 문화라 할 수 있다.

## 2. 체면 중시

타인 앞에서 자신의 체면(honor)이 깎여 부끄러움(shame)을 당하는 것을 견디지 못한다. 자신의 이름과 가족과 가문에 먹칠하는 일을 두고 보지 못한다. 명예살인(honor killing)이 종종 일어나는 이유이기도 하다. 명예를 지키기 위해 스스로 자신의 목숨을 끊는 문화는 우리와 주변 나라의 역사에서 낯설지 않으나, 명예를 지키기 위해 살인을 정당화할 수 있다는 문화는 우리에게 참으로 낯설게 다가온다. 또한 자신의 종교가 침해당하는 것도 자신의 체면이 깎이는 것으로 이해한다. 그래서 종종 복음을 전하는 자에게 더 이상 자기가 믿는 이슬람에 대해서 다른 얘기를 하지 말아달라고 진지하게 요청하기도 한다.

## 3. 외형 중시

외식하는 서기관들과 바리새인들을 향하여 회칠한 무덤 같다고 한 예수님의 비유의 말씀(마 23:27)이 생각난다. 무슬림들은 겉으로 아름답게 보이는 것, 화려하고 값나게 보이는 것을 선호한다. 누구인들 그러지 않으랴? 그러나 무슬림들은 좋은 옷차림과 좋은 차량을 소유한 사람을 중시하거나 집안을 잘 꾸미는 것을 더욱더 중요하게 여긴다. 한번은 필자가 공무원을 만나기 위해 관공서를 방문하였다. 정문의 경비원이 청바지에 티셔츠를 입은 나를 보고 이곳에 들어와 주차하지 말고 저쪽 골목에 가서 주차하라고 했다. 그날 일이 덜 끝나서 다음날 다시 방문할 일이 생겼다. 이번에는 양복에 넥타이까지 매고 갔다. 같은 경비원이 정장 차림의 나를 보더니 깍듯이 인사할 뿐만 아니라 정문 안으로 들어와 주차하라고 했다. 주차 후 차문을 열고 나오는데, "몇 층 가느냐? 누구를 만나려 하느냐?" 묻기에 대답을 했다. 그러자 "안내해 드리겠습니다. 저를 따라 오시지요"라고 하면서 앞장서는 것이 아닌가! 이처럼 눈에 보이는 외모와 외형을 중요시한다.

죄도 겉으로 드러난 경우에만 죄라고 인식한다. 한번은 히잡, 차도르, 니캅, 부르카를 착용하는 이유가 여성들의 신체를 가려서 남자들의 성적인 시선을 차단하는 데에 있다는 무슬림 친구의 설명을 듣고서 질문을 하였다. 아무리 여성들의 신체를 가리더라도 그들을 바라보는 남자들이 음욕을 품는 것을 어찌 막을 수 있겠느냐고. 그러자 이렇게 대답을 하는 것이 아닌가! "괜찮다. 아무리 맘속에 음욕을 품어도 그건 죄가 되지 않는다. 우리 이슬람에선 밖으로 드러나야만 죄라고 인정한다." 외식하는 자에게 회칠한 무덤 같다는 말씀을 하시면서 그 안에는 죽은 사람의 뼈와 모든 더러운 것이 가득하다고 한 예수님의 말씀(마 23:37), 음욕을 품고 여자를 보는 자마다 마음에 이미 간음하였다(마 5:28)는 예수님의 말씀이 참으로 가치 있는 진리임을 느낀다.

### 4. 남성 우위 중심

1970년대 우리나라에 불었던 여성상위시대(女性上位時代) 슬로건은 '낙후된 여성의 인권을 존중하며, 그 여성의 지위를 높이 두자'는 뜻에서 널리 사용되었다. 1969년 신상옥 감독의 영화 '여성상위시대'가 이 흐름에 불을 지폈다고도 볼 수 있다. 이 영화는 여성도 남성과 같은 권리를 누릴 권리가 있다고 생각한 어느 여성의 이야기를 다루었는데, 나중에 이 슬로건은 여성들도 남성들과 함께 상(床, 밥상) 위에서 밥을 먹을 수 있는 권리를 가져야 하지 않겠느냐는 의미에서 여성상위시대(女性床위時代)라 불리기도 하였다. 실제로 1970년대 초만 하더라도 3대에 걸친 남자(할아버지, 아버지, 손자)가 상 위에서 식사를 하는 동안 여자들은 상 아래에서 쪼그려 밥을 먹곤 하였다. 우리 가족이 무슬림 공동체가 살고 있는 북아프리카의 베르베르 종족의 마을에 가면 나와 아들은 TV 가 있는 커다란 응접실에 들어가고, 아내와 딸은 여자들만 모인 방으로 안내되었다. 식사 시간이 되면 양고기를 얹은 그들의 전통음식인 꾸스꾸스가 응접실에 차려졌는데, 남자들이 다 먹고 나면 여자들은 남은 것들을 쓸어 모아 자기들이 모인 방에 따로 가져가서 먹는 것이 아닌가!

이처럼 이슬람 사회에서 여성의 인권은 너무나 열악하다. 사우디아라비아에서는 여성들이 자전거를 타는 것도 허락이 되지 않아 이 주제로 영화까지 만들어졌는데, 바로 2014 년에 개봉한 '와즈다'였다. 영화 속 꾸란 암송대회에서 우승한 사우디아라비아의 여학생 와즈다는 상금을 어디에 쓰겠느냐는 교장 선생님의 질문에 자전거를 마련하겠다고 대답했다가 강제로 상금을 구호 성금으로 빼앗겨야 했다. 2017 년이 되어서야 여성들의 운전을 처음으로 허락한 나라가 바로 사우디아라비아이다. 무슬림은 여성을 대하는 태도에서 쉽게 다른 문화에 적응하지 못하는 경우가 많다. 이슬람 국가의 정부나 사회 여러 조직에서 자신의 역할을 하고 있는 여성들이 많다 하더라도 각 가정으로 들어가면 여성의 인권은 정말 갈 길이 멀다는 것을 알게 된다.

### 5. 연장자와 높은 직위 존중

무슬림은 나이가 많은 사람을 존중하고, 직위가 높은 사람의 말에 잘 따른다. 우리나라는 이제 많이 달라졌지만, 아직도 이슬람권에서는 나이 든 어른들의 한 마디에 싸우던 청소년들도 잽싸게 흩어진다. 또한 자기보다 높은 직위에 있는 이의 말이기 때문에 순순히 따르는 모습을 볼 수 있다. 한국어를 가르치던 대학의 동아리 '세종 클럽'의 회장은 7 년째 신임회장을 뽑지 않고, 본인이 졸업 후에도 계속 그 역할을 도맡았다. 한 번 주어진 권위를 스스로 내려놓지 않아도 되는(?) 그런 문화가 있다. 서른 살이 넘도록 단 한 번도 무기명 비밀투표를 해본 적이 없는 아랍교회의 지도자(목사)들과 함께 일한 적도 있다. 민주적인 투표방식이 아니라 누군가로부터 한 번 권위를 이어받으면 계속 그 역할을 수행해 왔기 때문이었다. 터키 이스탄불에 있는 오스만 제국 황제(술탄)가 거했던 토카프 궁전의 입구 문 위에 적힌 아랍어 문장을 본 적이 있는가? 거기에는 이렇게 적혀 있다. "술탄은 지상에서 알라의 그림자다."7 알라에게 복종하는 것처럼 지상에 서는 술탄의 권세 앞에 철저히 복종하라는 뜻으로 새긴 것이다. 이처럼 지 상의 통치자에게 철저하게 복종하는 것이 이슬람의 문화 속에 담긴 무슬 림의 세계관이다.

그렇다면 2011 년 1 월에 시작되어 아랍국가 대부분을 휩쓸었던, '아랍 의 봄'이라 불렸던 재스민 혁명은 이슬람 사회에서 나아가 세계 역사 속에 서 어떤 혁명으로 기록되었을까? 재스민 혁명 직전 22 개 아랍국가의 통치 형태를 보면 민주주의 국가는 전혀 없고, 왕정이나 독재정치 두 종류밖에 없었다. 사우디아라비아, 요르단, 바레인, 모로코 등의 왕정이나 리비아의 카다피의 42 년, 이집트의 무바라크의 31 년, 튀니지의 벤 알리의 23 년 독 재가 대표적이라 할 수 있다. 예멘과 시리아에서도 40 년 독재가 진행되고 있었다. 지난 1,400 여 년 동안 아랍의 역사에서 한 번도 민초(民草)들이 들고 일어나 통치자나 통치 권력 전체를 뒤엎은 적이 없었다. 그런데 평범 한 백성들의 재스민 혁명으로 이러한 장기 독재 통치 형태가 다 허물어지 는 경험을 했다. 이것이 '아랍의 봄'이 지니는 큰 의의라고 할 수 있다. 중 동, 북아프리카에 민주화의 봄이 일어나는 줄 알았으나, 12 년이 다 되어 가는 지금 상황은 그때보다 더 나아지지 않은 듯하다. 이집트는 군부 권위 주의로 돌아갔고, 10 년이 넘도록 시리아와 예멘과 리비아는 독재 시절보 다 더 힘든 내전을 겪고 있다. 민주화가 이루어지려면 우리의 경험처럼 최 소한 30 년 이상 걸릴지도 모른다는 사실을 그들 스스로 알고 인내해야 하 며, 우리는 그런 날이 오기를 응원해야 한다. 그러나 '복종'이라는 이슬람의 세계관이 자리 잡고 있는 한 민주화 기간은 마냥 더 길어질 수밖에 없다.

### 6. 편만한 종교성

아랍 무슬림들의 수많은 인사말에는 이슬람의 종교성이 그대로 녹아 있다. 신의 이름 '알라'가 끊임없이 사용된다. '알라'를 크게 외치면 상황에 따라 "와, 정말 멋있다! 놀랍다! 아쉽다!"의 뜻이 된다. 축구 경기에서 골인이 되거나 공이 골대를 맞고 튀어나오는 장면이 나올 때마다 "알라~"라는 말을 들을 수 있다. 또 약속된 시간에 만나자고 하면 "인샬라"(만약 알라의 뜻이라면)라고 하고, 앞으로의 될 일이 불확실한 모든 경우에도 "인샬라"라고 표현한다. 만약 "마샬라"라 외치면 이는 감탄사로 "와, 멋지다! 예쁘다! 참, 놀랍다! 기특하다! 정말 그러니?"의 뜻이다. 이 밖에도 자기 말을 강조하거나 맹세하면서 "왈라히"(알라의 이름으로 맹세코)라고 외친다. 감사를 표할 때 상대방을 축복하는 말인 "바라깔라후픽"(알라가 당신을 축복하시길)을 사용하기도 한다.

이 외에도 음식을 다 먹고 나서 그만 먹고자 할 때나 운동 경기를 이긴 후에, 혹은 건강할 때에 "알함둘릴라"(알라에게 영광을)라고 한다. 음식을 먹기 전이나 아기를 안을 때, 차를 탈 때, 운전을 시작할 때는 "비스밀라"(알라의 이름으로)라고 한다. 연설을 시작할 때, 글을 쓸 때, 심지어 마이크를 테스트할 때도 "비스밀라 아르라흐만 아르라힘"(자비롭고 자애로운 알라의 이름으로)이라고 외친다. 또한 장례식장에서 유족에게 위로할 때는 "바라까픽"(그가 당신에게 복을 주셨습니다)이나 "인네 릴라히 와 인네 일레이히 라좌운"(그들은 정말로 알라를 위해 그리고 정말로 알라에게로 돌아가셨습니다)이라고 말한다.

인사말에서 사용되는 동사에는 모두 '3인칭 남성(그)' 주격을 가리키는 '이'(y)라는 접두사가 붙는다. 3인칭 남성의 접두사 'y'는 바로 '알라'를 가리킨다. "이아이쉭"(그가 당신에게 생명을 주시길), "이아띡 사하"(그가 당신에게 건강을 주시길), "이베:릭"(그가 당신에게 복 주시길), "이르함믹"(그가 당신에게 자비를 베푸시길)은 모두 '감사합니다!'란 뜻으로 사용된다. 또한 남이 재채기할 때 옆에 있던 사람은 "이르하무께 알라"(알라가 네게 자비를 베풀기를)라고 하며, 내가 음료를 마실 때 상대방이 "비쉬페"(치료가 있기를)라고 덕담을 하면 나는 반드시 "이쉬픽"(그가 당신을 치료해 주시길)이라고 응답을 해 주어야 한다.

우리가 잘 아는 평화라는 뜻의 '살람'도 폭넓게 쓰인다. 큰 소리로 "살람~"을 외치면, "알라~"처럼 상황에 따라서 "와, 정말 멋있다! 놀랍다! 아쉽다!"란 뜻이 된다. 너무나도 잘 알려진 인사말인 "앗살라무 알라이꿈"(그 평화가 당신들 위에)이라고 인사하면 듣는 이는 "와 알라이꾸무 앗살람"(그리고 당신들 위에도 그의 평화가)이라고 대답한다. '앗살라무 알라이꿈'은 만나서 인사할 때뿐만이 아니라 어떤 장소에 처음 들어설 때, 그 장소에 아무도 안 띄어서 사람을 부를 때에도 사용한다. 헤어질 때는 "마아 살라마"(평화와 함께), "랍비 마아께"(주님이 너와 함께 하길), "필라멘"(믿음 안에서)이라고 인사하기도 한다.

생일이나 명절을 맞이한 사람에게나 물건 산 손님에게, 시험 합격자에게는 "마브룩" 혹은 "무바라끄"(복 받으셨습니다)라고 인사를 건넨다. 이처럼 무슬림들의 인사말 속에는 이슬람의 종교성이 굉장히 깊이 배어 있다. 그러므로 우리는 무슬림들과 한 마디 한 마디 인사말을 할 때 그 말에 담긴 뜻을 기억하면서 진정한 마음을 담아서 사용하는 것이 바람직하다. 이미 그 단어들이 너무나 일상적인 말이 되어서 그 의미가 퇴색되어 제대로 생각하지 않고 무슬림들이 사용한다고 하더라도 말이다.

## 7. '움마' 지향적

무슬림들은 '움마'(이슬람 공동체)의 일원임을 자랑스러워한다. 전 세계의 무슬림은 국가, 민족과 인종, 계급을 초월하여 이슬람의 신앙 안에서 한 형제자매라는 동질 의식을 가지고 있다. 그래서 어쩌면 무슬림은 움마 의존적인 삶을 살고 있다고 보아도 틀릴 것이 없다. 중동사회는 원래 가족, 씨족, 부족 등 혈연관계와 종족의 연대의식에 뿌리를 두고 있었다. 무함마드는 이슬람교를 창시한 후 움마를 중심으로 부족연합체를 만들었다. 혈연중심의 부족단위를 해체함으로써 이슬람 중심의 새로운 종교공동체를 형성한 셈이다. 그러나 이 공동체 의식은 전쟁과 테러, 인권 억압, 난민에 대한 폐쇄적 정책, 코로나 팬데믹 등의 영향으로 상당히 약화되었다. 아울러 여성과 어린이의 인권도 그 공동체 안에서 상당히 낙후돼 있다.

이러한 공동체적 성격을 지닌 움마는 무슬림이 예수 그리스도를 믿고 회심할 때 핍박의 주체가 된다. 예수님을 믿는다는 이유 때문에 가정에서 마을에서 직장에서 핍박을 받기 때문에 그 공동체를 떠날 수밖에 없는 상황이 생긴다. 그러면 그 공동체 안에는 그리스도의 제자가 사라지기 때문에 계속해서 복음이 전해지기가 어렵게 된다. 이슬람권 선교에 있어서 큰 이슈가 되었던 내부자 운동(Insider Movement)은 이러한 단점을 보완하기 위해 생긴 운동인 셈이다. 믿는 자를 밖으로 빼 내어오지 말고 그 공동체 속에 남겨두어 거기서 기독교인의 빛과 소금의 역할을 하게 해서 지속적으로 복음의 능력이 나타나도록 돕자는 운동이기 때문이다.

# 이슬람 세계관

## 세계관의 정의

세계관은 이미 앞에서 설명한 것처럼 문화에 속한 것으로서 문화의 가장 심층 부문(deep culture)이자 핵심적인 부분이다. 세계관에 관하여 세계적인 선교학자이자 인류학자였던 폴 히버트(Paul Hiebert)는 다음과 같이 기술하였다.

> 세계관이란 동일한 문화에 속한 이들이 공유하는 가장 근본적이고 포괄적인 실재관이다. 그것은 그들의 주변 세계를 '이해하게 해 주는', 실재에 관한 정신적인 그림이다. 이 세계관은 실재의 본질, 삶에서 이미 '주어진 것들'에 관한 토대적인 가정에 기초를 두고 있으며, 이런 신념 체계가 확실한 것이라는 믿음—이것이 진정 실재의 진면목이라는 확신—을 가지게 해 준다.[8]

히버트는 인류학자들이 그동안 문화의 깊은 차원을 연구하면서 '문화적 핵심, 뿌리 패러다임, 집단 무의식, 문화적 무의식, 내부적 관점에서 본 우주' 등을 세계관의 다른 표현으로 사용했다고 분석한 후에, 세계관을 인류학적 용어로 다음과 같이 정의하였다.

> 세계관은 한 집단이 사물의 본질과 관련하여 형성하는 근본적인 인지적, 정서적, 평가적 전제들로 자기 삶을 정돈하는 데 사용하는 것이다.[9]

그는 사회 체제에 따라 세계관을 나누기도 했는데, 구술 문화와 문자 문화, 후견인/수혜자 경제와 시장 경제, 유기적 신념과 기계적 신념 등이 그

것이다. 그리고 세계관 차원에서 본 평가적 규범들을 다음의 <표 1>과 같이 구분하였다.[10]

**표 1. 세계관 차원에서 본 평가적 규범들**

| | | |
|---|---|---|
| 감정의 표현 | VS | 감정의 통제 |
| 집단 중심적 | VS | 개인 중심적 |
| 내세 지향적 | VS | 현세 지향적 |
| 귀속(歸屬)의 강조 | VS | 업적의 강조 |
| 전체적 그림에 초점 | VS | 구체적 사항에 주목 |

## 세상을 잘 보기 위한 창문, 세계관

세계관은 우리가 바라보려는 대상이나 실체가 아니다. 세계관은 우리가 세상을 잘 보기 위한 창문이나 안경과도 같다. 그러므로 세계관이란 관찰하기가 상당히 어렵다. 우리의 세계관 속에는 우리의 가치관이 담겨 있기 때문이다. 즉, 무엇이 참이고 거짓인지, 무엇이 옳고 그른지, 무엇이 적절하고 부적절한지를 판단하는 가치가 담겨 있기 때문이다. 각각의 문화권마다 이러한 가치관이 다르기 때문에 세계관은 그 문화의 내부자와 외부자 간에 서로 충돌을 일으키는 요인이 되기 마련이다. 예를 들어 어떤 곳에서는 질서를 강조하기도 하지만, 또 다른 곳에서는 관계적 사고와 형성을 중요시하기도 한다. 손님 접대를 귀한 가치로 여기는 관습에서 알 수 있듯이 MENA 출신 무슬림들이야말로 사람과의 관계를 중요시하는 사람들이다. 그래서 히버트는 관계적 사고 면에서 연약함을 보이는 서양의 세계관에 바탕을 둔 사람들은 관계 형성의 기술이 모자라므로 이를 극복하기 위한 근본적인 변화가 있어야 한다고 주장하였다.

히버트는 이런 관계를 의식하며, 이주민들의 세계관을 분석하는 데에도 관심을 가졌다.

> 이주(migration)는 세계관과 관련된 문제도 제기한다. 개인과 집단이 새로운 상황에 들어갈 때는 다른 세계관을 접하기 마련이다. 그래서 자기가 가진 기존의 세계관과 새롭게 접하는 세계관 사이에서 스스로 조율하는 법을 배워야 한다. 결과적으로 세계관의 개념 자체가 유동적이 된다.[11]

## 무슬림의 세계관과 한국인의 세계관

무슬림의 세계관은 앞의 <표 1>에서 주로 왼쪽 열의 평가적 규범들을 따른다고 볼 수 있다. 그리고 문화를 설명할 때 살펴본 것처럼 서구 문화가 죄책감을 바탕에 둔 문화라고 한다면 이슬람국가 출신 무슬림들은 수치심 성향의 문화에 바탕을 두고 있다. 그리고 서구 문화가 개인 지향적 사회인 반면에 이슬람국가 출신 무슬림들은 집단 지향적 사회의 일원으로서 움마에 속한다고 하는 강한 공동체성을 가지고 있다. 히버트가 제시한 '세계관 차원에서 본 평가적 규범들'과 비교해 볼 때 무슬림의 세계관은 21세기 한국인의 세계관[12]과 크게 다를 바 없다고 할 수 있다. 무슬림의 세계관은 한국인의 세계관 못지않게 감정을 쉽게 표현하며, 집단 중심적이며, 내세 지향적이며, 귀속(歸屬) 의식을 강조하며, 전체적 그림의 조화에 초점을 맞추며, 권위에 복종하기 때문이다. 필 파샬(Phil Parshall)은 무슬림의 세계관이 구약의 히브리인의 세계관과도 유사하다고 하면서 11가지의 특성—연합 중요시, 개인보다 공동체 강조, 반세속주의, 변화 거부, 실천되지 않는 평등성, 신경 쓰지 않는 효율성 등—을 나열하였다.[13]

한국인의 세계관은 이러한 특성들과 유사점이 많으나 변화하고 있다. 한국에 거주하는 이슬람 국가 출신 무슬림들은 이제 이런 특성들과는 달라지고 있는 현대화된 한국문화 속에 살고 있는 셈이다.

필자의 논문을 통해 확인된 아랍 무슬림의 세계관과 한국인의 세계관의 공통점과 상이점을 소개하도록 한다. 이 비교 항목이야말로 필자가 논문에서 가장 강조하려 했던 부분이다. 응답자들이 아랍 나라들과 우리나라 사이에 공통적으로 존재하는 세계관은 다음과 같은 것이라고 언급하였다. 이런 점들이 교회 공동체 안에서 어떻게 소화되고 반영되어야 하는가를 무슬림을 위한 교회개척자는 의식하여야 한다.

- 명예와 체면을 존중히 여긴다.
- 관계와 전통을 중요시한다.
- 나이나 직급에 따른 위계질서가 분명하다.
- 가족이나 집단 등 공동체 중심의 성향이 강하다.
- 친절하고 남을 배려한다.
- 운명/숙명에 내맡기는 경향을 발견할 수 있다.

두 문화 사이에 상이한 세계관도 많지만, 한국인에게는 자신들에게 부족한 자유, 정의, 신뢰감, 성실함, 애국심, 인내, 비공격적인 태도, 노동의 가치, 시간 엄수, 신속함이 있다고 생각한다. 교회 공동체에서 이러한 가치들을 제대로 실현하도록 노력한다면 무슬림들의 마음이 많이 열릴 것이다. 그리고 두 문화 사이에는 경제 발전, 여성의 인권, 고도의 기술, 의무교육 정도에 큰 차이가 있다고 보기 때문에, 이 또한 무슬림들을 위한 교회개척 전략에서 염두에 두어야 할 것이다. 여전히 대가족을 이루고 공동체 정신이 강한 이슬람 사회와는 반대로 이제 점점 핵가족화 사회가 되고 개인주의 성향이 강해지는 한국의 문화는 무슬림들에게는 편치 않은 문화가 될 수 있다. 그리고 널리 퍼진 음주 문화와 이슬람 혐오 현상도 교회개척에 방해가 되는 요소가 될 수 있다. 그러므로 이들에게 적합한 형태의 교회를 개척하고 BMB들을 제자 훈련할 때는 이러한 세계관의 유사성뿐만 아니라 차이점을 인식하고 접근하는 것이 바람직하다.

예를 들어 입사 인터뷰 때에 턱수염과 콧수염을 깎으면 어떻겠느냐는 면접관의 요청도 있었고, 자신에게는 머리를 가리는 목적 외에는 아무것도 아닌 히잡을 직장에서 벗으라는 요청을 받아서 힘들었다는 인터뷰 응답자가 있었다. 문화적 차이를 이해하고 수용할 수 있는 문화적 포용성이 그 직장 리더에게 있었다면 이런 불만을 살 필요는 없었을 것이다. 물론 히잡을 종교적인 것과 뗄 수 없는 의상의 한 부분이라 인정하더라도 그것을 강제로 못 하게 하는 행위는 자기문화 중심주의, 자기종교 중심주의에서 우러나오는 행위가 될 뿐이다. 서로의 문화를 존중하는 자세가 정말 필요한 때이다.

### 한국인이 무슬림과 다른 점

한국인은 무슬림, 특히 아랍 무슬림과 문화적 특성에서 어떻게 다를까? 14명이 18차례(14/18)—이후에 인용하는 인원과 횟수는 인터뷰를 통한 질적 조사에 응답한 결과를 다룬 필자의 논문에서 따 온 것이다.—에 걸쳐 한국인은 친절하게 도움을 베푸는 민족이라고 하였다. 타인을 존중하며 (11/14), 자신들을 열린 마음으로 받아들이는 민족(9/11)이라고 하였다. 청결한 사람들이라고도 하였다(4/7). 3명이 각각 평화로우며 관습과 전통을 중요시하며, 신중한 사고를 한다고 언급했다.

> 나는 아주 좋은 환경에서 일해요. 직장에 있는 제 친구들은 아주 친절해요. 내가 그들을 필요로 할 때마다 그들은 나를 도와줘요. 상사는 아주 좋은 사람이어서 큰형처럼 여기고 있어요(인터뷰 08).

> 개인적으로 만약 내가 이집트인이 아니라면, 나는 한국인이 되고 싶

다. 한국인은 친절하고, 정부조차도 친절하다(인터뷰 19).

한국에 있는 기독교인들과 불교도들은 사우디아라비아에 있는 무슬림보다도 더욱더 친절하고 겸손합니다. 불행하게도 이것은 사실입니다(인터뷰 23).

나는 한국 사람들을 사랑해요. 그들은 마음속에 자비가 흘러요. 그들 중 60%는 마음에 자비가 넘쳐요(인터뷰 24).

솔직히 한국 사람들은 정직해요. 도덕적으로 친절하고 교육을 잘 받았어요…. 이런 점이 한국 사람들과 함께 있을 때 아주 편안함을 느끼게 해요(인터뷰 27).

그러나 이미 친해진 관계 속으로는 제3자가 끼어들기가 어려운 것이 한국 문화이며, 한국인은 스트레스가 많은 사람이라고 하였다. 그리고 한국과 한국인의 마음이 닫혔다고 표현한 이들도 3명이 있었다. 이집트 출신의 말을 들어보자.

우리나라는 개방되었다. 무슨 뜻이냐 하면 어느 누구든 들어오고 나갈 수 있으며 자연적인 생활을 영위하고 있다. 한국 사람들은 자기 중심적이고 한국 사람들끼리는 잘 지낸다. 그러나 다른 공동체들과의 통합에 있어서는 한국 사람들은 좋지 않다. 그들은 스스로 울타리를 친다. 그들의 지적인 문화는 제한적이고, 제한적이다(인터뷰 10).

그러나 다른 3명은 각각 손님 접대를 잘하고, 타인을 존중하는 것이나 노인을 존중하는 것은 자신들의 나라와 크게 다르지 않다고 하였다. 이같이 '다르지 않음'은 MENA 출신 무슬림들에게 더 편안히 다가갈 수 있는 문화적 요소가 되리라 생각한다.

종교와 관련하여서는 15 명이 19 차례에 걸쳐서 신앙의 자유가 있는 나라라고 했으며, 다양한 종교를 인정한다(8/9)고 했다. 인터뷰의 내용을 살펴보니 한국에서는 자국에 있을 때와는 달리 종교의 자유가 있어서 타종교 수용에 있어서 마음이 더 개방적으로 된다는 걸 발견할 수 있었다. 특히 한국에 오래 머물 계획이 있는 사람이라면 종교의 자유가 주는 기쁨을 맛볼 수 있다는 걸 짐작게 한다.

> 한국에는 완전한 종교의 자유가 있어요. 기독교는 이슬람과 유대교처럼 하늘의 종교 중의 하나예요. 나의 종교를 바꾸리라고는 생각하지 않으나 예수 그리스도가 선지자임을 믿으며, 우리 종교의 한 부분에서는 예수를 믿어요(인터뷰 09, 14).

> 이곳에서는 자유가 있습니다. 나는 여기저기 다 갈 수 있습니다. 그러나 이집트에서는 제한이 있습니다. 기독교인은 모스크를 갈 수 있지만 무슬림이 교회 가기는 쉽지 않습니다. 그러나 여기서는 교회 가는 데 문제가 없습니다. 그러나 이집트에서는 무슬림이 교회 가기란 어렵습니다. 무슬림은 기독교인을 두려워하고, 기독교인은 또한 무슬림을 두려워합니다(인터뷰 10).

> 만약 내가 한국에서 기독교인이 된다고 가정한다면 사람들이 나에 대해서 어떻게 생각할 것인가 문제가 안 되며, 전혀 어려움에 직면하지 않을 거예요. 이것이 무슬림의 사고방식과 완전히 다른 거예요(인터뷰 04).

국가 시스템에 비추어 봤을 때는 13 명이 35 차례에 걸쳐 한국은 질서가 있고 안전한 나라라고 했으며, 17 명이 24 차례에 걸쳐서 인프라와 기술이 발전한 나라라고 했다. 이 외에 법 준수를 잘하며(4/6), 4 명은 각각 시간을 잘 준수하는 나라, 조직화가 잘된 나라, 기회의 나라, 비전의 나라라고 했다. 친분보다는 실력을 중요시하는 사회라고도 하였다(3/3).

아랍 개개인을 대상으로 인터뷰했을 때 언급된 내용을 재확인하고 미진한 내용을 보충하기 위하여 MENA 지역에서 10년 이상 사역을 한 선교사 중 4명을 대상으로 포커스 그룹 인터뷰를 진행하였다. 포커스 그룹 인터뷰는 특정 주제를 같은 배경의 사람들에게 묻는 집단 인터뷰라고 할 수 있는데, 무슬림이 한국인과 다른 점이 무엇인지를 물었다. 어떤 점은 한국인과 비슷하기는 하나 좀 더 강한 측면이라면서 언급하였다.

- 운명을 받아들인다.
- 두려움으로 차 있다.
- 손님 접대를 아주 잘한다.
- 남성 중심의 사회다.
- 명예와 수치에 기반한 문화다.
- 오랜 시간 함께 시간을 보내기 좋아한다.
- 억압 속에서 자유를 추구하려 애쓰는 삶이다.
- 일부다처제에서 볼 수 있듯이 성도덕과 성윤리가 다르다.

## 세계관을 분석하는 방법들

세계관의 차이는 서로 간의 커뮤니케이션 단절을 가져온다. 그러므로 그 차이를 알고 의사소통을 시도해야 한다. 국내 체류 MENA 출신 무슬림을 섬기는 기독 사역자들은 MENA 출신 무슬림들에게 형성된 세계관 중에 어떤 것이 한국의 세계관과 유사하고 다른지를 파악할 필요가 있으며, 나아가 어떤 것이 성경적 세계관과 유사하고 다른지를 파악해야 한다. 그렇다면 사역 대상의 세계관을 분석하는 방법들에는 무엇이 있는가? 민족(사람들)이 사용하는 단어들과 그 단어들이 더 큰 의미론적 집합과 영역으로 어떻게 나누어지는지를 연구하는 방법과 민간전승과 신화를 분석하는 방법과 심미적 문화—미술, 음악, 음영(吟詠) 공연, 연극, 춤, 드라마, 영화, 잡지 등—를 조사하는 방법들이 있다.[14] 의미론적 집합과 영역을 연구하는 한 예로서는 아랍 사람들이 사용하는 단어 '이슬람'을 살펴보는 경우이다. 이 단어는 무슬림들의 세계관을 잘 반영하고 있다. 문화의 4중 구조에서 간단히 설명했듯이 이슬람은 아랍어로 '항복, 복종, 포기'라는 뜻의 명사이다. '무슬림'은 이 명사에 사람을 나타내는 접두사 '무-'가 붙어서 '항복한 사람'이란 뜻이 되었다. '유일신 알라에게 항복한 사람'이란 뜻이다. 그래서 이미 살펴본 대로 이슬람의 세계관에는 권위에 대한 철저한 복종이 배어 있다. 이러한 세계관을 가진 사람들에게 권위의 참 의미와 기원을 설명하고, 권위의 주체는 누구이며, 그 권위자와 어떤 관계를 가져야 하는가를 이해하도록 돕는 것은 중요하다. 왜냐하면 이슬람에서 알라는 절대적인 권위자요 인간과 사랑의 교제를 나눌 수 없는 분으로 인식하고 있기 때문이다.

## 이중문화, 문화/세계관의 변화

복음의 전달은 인간 사이의 상호 인격적 관계의 질에 달려 있다. 한 문화 속의 사람들과 다른 문화 속 사람들 간의 이 '관계'가 이중문화의 가교(bicultural temporary bridge)이다. 이 가교(假橋) 간의 의사소통은 이중문화 속에서 일어나며, 이중문화는 그 구성원들의 서로 다른 두 문화로부터 차용하기는 하지만, 그 문화의 단순합이나 합성 이상의 것이 된다.[15] MENA 아랍 문화 속 사람들이 우리 문화 속에 들어와 뿌리를 내리고 우리와 관계를 가진다는 것은 이들이 이중문화에 들어와 산다는 말이 된다. 즉, 새로운 공동체, 이중문화적 지역 공동체가 된다는 뜻이다. 이러한 이중문화적 공동체에는 두 문화의 행동, 가치, 신념 등이 혼재되어 있거나 제3의 모습으로 변형되어 나타나기도 한다. 문화는 살아있는 유기체와 같아서 때로는 아주 급속하게 변화하거나 장단 기간에 걸쳐 전체 혹은 일부가 변하든지 사라지든지 하기도 한다. 사회구성원이 사라지더라도 문화는 세대를 거쳐 지속되기도 한다.[16]

예수 그리스도의 제자의 삶은 MENA 출신 무슬림의 삶과 다를 수밖에 없다. 그 기저에 깔린 세계관이 다르기 때문이다. 교회에 주어진 '모든 민족을 제자로 삼으라'는 명령은 바로 이런 세계관의 변화를 염두에 두신 명령이라고 할 수 있다. 찰스 크라프트(Charles Kraft)는 기독 사역자는 단순히 표면적인 관습이나 외형적 특성이나 제도의 변화만을 추구해서는 안되며, 문화의 심장인 세계관의 변화를 추구해야 한다고 했다. 그는 요한복음 9장의 시각장애인을 고치시는 이야기를 통해 세계관이 변화하도록 도전하시는 예수에게 반응하는 네 부류[17]를 언급하면서 세계관 변화의 가장 큰 방해물은 종교적 확신이라 하였다.[18] 무슬림이 회심할 때 가장 큰 장애물이 바로 그들의 종교적 확신이란 점도 필자의 논문에 그 결과가 잘 나타나고 있다.

문화의 변화는 사회 안에서 기인하거나, 사회와는 별개로 무의식적으로 혹은 자원하거나 외부적인 요인에 의해 강제적으로 파급 확산할 수 있다. 성인 남성의 자존심이자 권위의 상징이었던 돌도끼 대신 강력한 쇠도끼가 선교사들에 의해 젊은이와 여성들에게 상품으로 주어지기 시작하자, 호주 남서부의 토착민인 이르 요론트(Yir Yoront)족 사회는 성인 남성들의 자존심과 권위가 무너지는 재앙을 맞이하게 되었다.[19] 원치 않는 방향으로 문화의 변화가 이루어진 경우이다. 이러한 현상을 방지하려면 사역자는 두 문화가 충돌할 여지가 있는 것을 미리 보는 지혜가 필요하며, 서두르지 아니하고 그 사회의 질서를 유지하는 데에 우선적인 노력을 기울일 필요가 있다. 사람들은 새로운 문화 속으로 들어가면 낯선 문화에 적응하기 힘든 시간을 보내다가 자신의 문화에서 철저히 벗어나 있다는 단절감이 찾아오게 되면서부터 문화충격을 겪게 된다. 바로 이 점이 이중문화에 속한 사람들이 겪는 자기 정체성의 혼란이다. 이중문화 속에서 지낸다는 것은 상당한 스트레스가 되지만, 선교지 문화에 대하여 동일화(identification)를 추구하면서 현지의 문화 구조 틀 안에서 지낼 수 있다면 그들에게 얼마든지 이중문화의 가교를 통하여 복음을 전달할 수가 있다.

## 동일화와 자기문화 중심주의

반대로 선교사들은 본국에 돌아오게 되면 본국의 문화에 의해서 역(逆)문화 충격을 받게 된다. 첫 안식년 추운 겨울날 강남 도로변에서 어묵을 팔고 계시는 아주머니께 "꼬치어묵(오뎅) 하나만 주세요!"라고 말씀드리고 기다렸다. 한참(?)을 기다려도 주지 않으시기에 "사장님, 어묵 하나 달라고요!" 했다가, "손이 없어요, 발이 없어요? 알아서 드시고 돈만 주고 가면 되잖아요?" 핀잔을 들었다. 내가 살던 북아프리카에서는 과일이든 채소든 내 맘대로 골라 담을 수가 없었다. 그저 입으로 "감자 1 킬로 주세요, 사과 1 킬로 주세요!" 요청만 하던 습관이 몸에 밴 것이다. 내가 만일 골라 담으면 다시 그 더미에 확 쏟아부으며 "저리 꺼져!"라고 말한다. 부산 태종대에서 깜빡 잊고서 어묵을 달라고 똑같은 요청을 했더니 "아니, 외국에서 살다 왔어요?" 딱 알아맞히시기에 "맞아요. 어찌 아셨어요?" 맞장구를 쳤던 기억이 난다. 그러나 필자처럼 한국으로 아예 귀국한 선교사들은 이중문화 속에 있는 사람들, 즉 자기 나라를 떠나 타국에서 문화적으로 소외되었다고 생각하는 사람들과 좋은 친구 관계를 맺을 수 있는 장점이 있다. 이중문화적인 사람들은 자신들의 정체성의 뿌리를 내릴 주요 문화를 잃어버리게 되는데, 이때 어렵지만 두 문화적 자아 사이에 존재하는 근본적인 차이가 가져오는 필수 과제를 해결해야 한다.[20] 이러한 해결 시도가 동일화이다. 동일화는 음식이나 주거 형태, 옷차림 등 외적으로 표현되는 문화적 현상 측면에서는 적응하기 쉬우나, 삶의 내적인 자세나 태도를 파악하고 동화하는 면에서는 어려울 수밖에 없다. 선교사들의 실수가 무엇이었느냐는 질문에 "그들은 가렵지도 않은 데를 긁어줍니다"[21]라고 답한 라틴 아메리카의 어느 렝구아(Lengua) 인디언의 말은 동일화가 무엇인지 생각하게 한다. 히버트는 신학은 문화적 배경을 초월할 수 있다고 주장하면서 서로 다른 문화의 편견을 뛰어넘을 수 있는 다음의 자세들을 제시하였다.[22]

- 문화가 서로 완전히 다른 것은 아니라는 점을 명심해야 한다.
- 모든 문화의 근간에는 기본적인 유사성이 존재한다는 점을 인정해야 한다.
- 내부인들은 볼 수 없는 것을 외부인들은 볼 수 있는 경우가 많다는 점을 알아야 한다.
- 우리의 문화 심층부에 문화적 편견이 자리 잡고 있음을 알아야 한다.

한국인으로서 MENA에 대한 문화적 편견을 줄이려면 히버트가 제시한 것처럼 그들의 문화가 한국문화와 서로 완전히 다른 것이 아니라 유사성이 있다는 점을 인정해야 한다. 또한 그들과 내가 내부인으로서 인식하지 못했던 서로의 문화를 발견한 후 이것들을 함께 나누는 시간이 편견 해소에 유익이 될 것이다. 이럴 때 자기문화 중심주의를 버리고 상대 문화에 가까이 다가갈 수 있게 된다.

## 세계관의 변화 과정

세계관이 어떤 변화의 과정을 거치는가를 다음 <그림 4>에서 자세히 표현하였다. 어떤 사람이 처음에 가지고 있는 신념과 관습을 '신념과 관습 A'라고 하자. 그 '신념과 관습 A'가 이전의 세계관을 개조(改造)하여서 새로운 세계관인 '세계관 A'를 형성한다. 이 '세계관 A'는 다시 '신념과 관습 B'를 빚어낸다. '신념과 관습 B'는 다시 '세계관 A'를 개조하여 '세계관 B'를 형성한다. 그리고 이 '세계관 B'가 다시 '신념과 관습 C'를 빚어내고 '신념과 관습 C'는 '세계관 B'를 개조하여 '세계관 C'를 형성한다. 이를 쉽

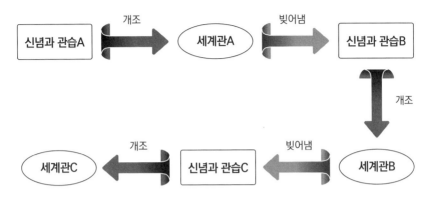

그림 4. 세계관의 변화 과정

게 설명해 보자. 권위에 복종하는 것이 당연하며 가치 있다는 신념을 가진 무슬림이 있다고 하자. 그에게는 모든 권위가 알라에게서 온 것이므로 복종해야 한다는 세계관이 자리 잡게 된다. 그러다가 불완전한 인간이 가진 권위, 불법적으로 억누르는 권위, 약자를 돌보지 않는 권위, 공평하게 사용되지 않는 권위는 바르지 않다는 신념과 관습이 생기면 새로운 세계관이 빚어지게 된다. 그러면 이 세계관은 희생을 감수하더라도 잘못 사용되는 권위에는 대항해야 한다는 신념을 가지게 되고, 권위를 제대로 사용할 줄 아는 사람을 찾아 나서게 된다. 아랍의 봄이라 일컫는 '재스민 혁명'은 바로 이러한 순환을 거치는 과정에서 생긴 것이라 볼 수 있다.

지금까지 문화와 세계관에 관하여 살펴보았다. 국내에서 무슬림을 위한 교회개척을 할 때는 앞에서 세계관 변화의 가장 큰 방해물은 종교적 확신이라고 크래프트가 언급한 것을 기억해야 한다. 무슬림의 세계관의 변화를 위해 사역자가 어떻게 다가가야 하는가를 알아야 한다.

*3*

'이슬람' 포비아 떨쳐버리기

# '이슬람' 포비아 떨쳐버리기

## 이슬람이 몰려온다!

앞 장에서는 이슬람의 문화와 세계관을 쉽게 설명하려 나름대로 애를 썼다. 우리와 다른 문화를 낯설어하지 아니하고 그 문화권에서 온 사람에 대한 호기심을 가지며 살아가는 자세야말로 우리 사회를 건강하게 만들 수 있다. 그런데 2000년대 중반 이후 국내에 "이슬람이 몰려오고 있다!" 라는 말이 급속도로 유행하면서 '이슬람' 포비아[1](Islamophobia)가 퍼지기 시작했다. 『이슬람이 몰려온다』[2]라는 시리즈로 번역서를 포함해 십여 권의 책이 출판되기 시작한 때도 바로 이 무렵이다. 온 유럽이, 그리고 미국이 무슬림으로 가득 차서 이슬람화하고 있으니 한국 땅도 조심해야 한다는 취지의 발언이 점점 힘을 얻어 운동으로까지 변하였다. 본서에서 이슬람 포비아라 하지 않고 이슬람이란 단어에 홑따옴표를 사용하여 '이슬람' 포비아라 지칭한 데에는 이유가 있다. 그냥 '이슬람 포비아'라 하면 이슬람에 어떤 두려움을 자아내는 요소, 폭력적인 요소가 있다는 것을 강조한다며 이슬람이 주체가 되어 반대의 소리를 내게 되고, 결국은 이슬람 측에서 이것을 트집 삼아 공격을 해 오게 되고, 그렇게 되면 이슬람의 폭력성을 비판할 여지를 차단당할 수 있기 때문이다. 이와는 달리 '이슬람' 포비아란 말은 이슬람에 대한, 이슬람을 향한 두려움을 강조한 표현이다. 그러므로

'이슬람' 포비아 떨쳐버리기는 이슬람에 대한, 더 나아가 무슬림에 대한 두려움과 무서워함을 떨쳐내 버린다는 뜻이다.

'이슬람' 포비아에 더 불을 지핀 요인 중의 하나는 2005 년에 피터 해몬드(Peter Hammond)의 책 『노예화, 테러리즘 그리고 이슬람: 그 역사적 뿌리와 현대의 위협』(Slavery, Terrorism and Islam: The Historical Roots and Contemporary Threat)이 2007 년에 발표된 미국 CIA 의 보고서 The World Factbook 에 인용되었다는 글들이 온라인에서 퍼져나간 것이라 할 수 있다. 그러나 김동문 선교사는 "크리스천투데이" 2008 년 12 월 11 일자에 기고한 글 "CIA 의 '이슬람화 8 단계 전략'은 없다"에서 이 이슬람화 전략 8 단계[3]를 언급한 CIA 보고서 주장의 원출처는 영문 자료였는데, 이 영문 정보의 일차 자료 출처가 어디인지, 또 언제 이 자료의 일차 게시물이 온라인에 올랐는지, 누가 그것을 작성했는지가 불분명하다고 지적하였다. 단지 피터 해몬드의 주장을 익명(?)의 글쓴이가 2007 년 CIA 의 The World Factbook 에 나오는 종교 인구 백분율을 활용하여 온라인에 게재했음을 알 수 있을 뿐이라 하였다. 즉, 이 주장에 대한 CIA 버전은 없으며 한국어판 자료가 내용을 그대로 인용하면서 일부분 오역했거나 오해했다고 보았다. 실제로 위 단계를 따라 진행되고 있다고 괄호 속에 언급한 대부분 나라에서조차도 그 단계에 전혀 이르지 않았음을 우리는 확인할 수 있다. 정말이지 CIA 정보 보고서가 담았다는 이슬람화를 위한 8 단계 전략은 현실적으로 전혀 이루어지지 않고 있다. 그런데도 이 주장이 얼마나 한국교회 성도들을 불안하게 만들었는가! 아니, 지금까지도 이 주장에 빠져서 '이슬람 대책'이라는 행동에 앞장서게 만들지 않았는가!

이 장에서는 한국교회가 이슬람을 두려워하고 무서워할 것이 아니라 잘 이해하여서 '무슬림들을 사랑하자'는 데에 강조점을 두었다. '이슬람' 포비아가 아니라 '무슬림' 필리아(Muslimophilia)가 우리들이 지녀야 할 자세이다. 네이버 국어사전에서는 필리아를 '친구나 동료, 인간에 대한 사랑, 사회적 공감이나 교감을 이르는 말'이라 정의하고 있다.[4] 무슬림 필리아는 한 마디로 '무슬림을 사랑하는 것'이다. 무슬림들에게 예수 그리스도의 복음을 전하는 것이야말로 21 세기 한국교회가 해야 할 무슬림 사랑의 표현이다.

## 인도주의 앞세운 순진한 다문화주의?

이 주제로 이야기를 나눌 때마다 2018 년에 560 여 명의 예멘 난민이 제주도에 입국했을 때 카톡으로 받은 긴 문자가 떠오른다. 최(崔)모 전(前) 신학대학원 교수의 글이다. 제주도에 이들이 입국했을 당시 105 명이 가입된 필자가 속한 기도회 단체 카톡방에 '인도주의 앞세운 순진한 다문화주의는 썩은 동아줄'이라는 최 교수의 글이 올라와 공유되었다. 내용인즉슨 "기윤실과 진보 기독교계 단체들이 제주 무슬림 난민 환영 성명을 발표한 동기는 무엇이냐? 이슬람과 관련한 인도주의를 앞세운 순진한 다문화주의는 '썩은 동아줄'이다. 이 주장들을 따라가면, 서울은 유혈이 낭자한 파편덩이 도시로 바뀐다. 대한민국이 죽기를 각오하고 투쟁하지 않으면, '대한이슬람국'으로 바뀌고, 이슬람제국의 일부로 편입되는 것은 시간문제다." 그러면서 마지막 문장을 이렇게 맺었다. "조선 여성들이 새까만 부르카, 니캅, 차도르를 쓰고 눈만 빼꼼 내놓고 서울 광화문, 대구 수성로, 부산 남포동, 광주 5.18 기념공원을 활보하는 모습이 그림처럼 떠오른다."

이 얼마나 '이슬람' 포비아를 부추기는 선동적인 글인가! 앞으로 설령 '겨우 지금 이 정도'의 다문화 포용정책을 실시한다고 해서 정말 우리나라가 '대한 이슬람국'으로 바뀌고, 이슬람제국의 일부로 편입되는 것이 시간문제가 될까? 그래서 필자는 그 방에 다음과 같이 댓글을 하나 달았다.

늦은 토요일 밤, 아주 조심스럽게 글을 올립니다. 난민을 사랑하는 것은 인도주의를 앞세움 때문이 아니라 하나님의 마음이요 명령이기 때문에 따라야 하는 것이겠지요. 신명기 24:18-22 를 읽으면서 나 자신, 아니 우리 모두는 과거에 하나님을 아버지로 모시지 못했던 고아였으며, 그리스도를 신랑으로 삼지 못했던 과부였고, 험난한 세상에서 소망 없이 살아갔던 외로운 나그네였음을 깨닫습니다. 이슬람에 관한 잘못된 정보들이 예수님을 따르는 우리에게 너무 깊이 들어와 있음을 보며, 안타까운 마음을 가질 수밖에 없습니다. 이슬람을 바로 이해하고 무슬림을 참으로 사랑하는 법을 배운다면 더할 나위 없겠다는 마음이 듭니다. 평안을 빌며….

예멘 난민이 입국한 지 4 년이 지난 지금 그들로 인해서 우리나라의 서울이 유혈이 낭자한 파편덩이 도시로 바뀌었는가? 전혀 그렇지 않다. 이제 이렇게 우리나라에 '이슬람' 포비아를 선동하고 자리 잡게 하는 여러 가지 이유를 살펴보고 난 후에, 어떻게 하면 '이슬람' 포비아를 과감히 떨쳐버리고 무슬림을 사랑할 수 있을까 대안을 제시하고자 한다. 그래야 국내에 체류 중인 무슬림을 친구로 사귀며, 사랑을 나눌 수 있기 때문이다.

## '이슬람' 포비아가 자리 잡게 된 이유

### 적극적인 홍보

앞에서 이미 언급하였지만, 기독교계가 앞장서서 출간한 '이슬람이 몰려온다' 책 시리즈 제목의 절반 이상에 전쟁, 테러, 충돌이란 단어가 들어가 있다. 그리함으로써 한국교회, 나아가 한국사회에 이슬람을 따르는 모든 무슬림조차도 '폭력성을 지닌 테러집단'이라고 지나치게 강조하여 각인시킨 셈이 되었다. 실제로 예멘 난민의 대부분이 청년들이었는데, 다 테러리스트요 강간범이라고 많은 이들이 주장하였다. 그러나 그 청년들은 한 집안의 사활을 걸고 자국을 떠나 우리나라에 들어온 사람들이다. 그 집안들에서 가장 많이 배우고 똑똑하고 지혜롭고 생존능력이 뛰어난 성실한 자들로 그들 가족의 파송(?)을 받아 우리 땅에 들어온 자들이 대부분이었는데도 가짜 뉴스를 양산하였다.

반면에 이슬람 측에서는 이슬람을 철저히 미화하는 수많은 책을 시중에 계속 내놓았고, EBS의 '이슬람 시리즈', MBC의 '신의 길, 인간의 길' 등 TV 방송에서도 이슬람을 미화하는 내용을 자주 송출하였다. 끊임없이 이슬람은 평화의 종교이며, 기독교와 유사하다고 강조했다. 이러한 과정에서 사람들은 '일반인에게 이슬람에 대한 관심이 두드러지고 있고, 이슬람이 너무 깊이 우리 사회 속에 파고들고 있는 것이 아닌가' 하는 불안감에 젖어들었다고 본다. 여기에 한국인 무슬림이 현재 6만 명이라는 한국 이슬람교 중앙회의 홍보가 한 몫을 더하고 있다고 본다. 사실 한국인 무슬림 가운데는 무슬림과 결혼한 다문화 가정이나 그들의 자녀들, 명목상 무슬림에 속한 사람이 대부분이다. 앞에서 언급한 것처럼 실제로 전국 20여 개 모스크에서 금요일 기도회에 참석하는 사람은 50명 안팎이다. 하루에 다섯 번씩 기도하며, 돼지고기를 먹지 않고, 라마단 한 달간 금식을 하며, 히잡을 쓰고 생활하는 한국인 남녀 무슬림 60,000명은 우리 주변 어디에 있다는 것인가? 이슬람의 과장된 선전임을 알 수 있다.

그리고 라마단 금식월 중에서 제26일과 제27일째 사이의 밤은 '권능의 밤' 혹은 '운명의 밤'이라 많이 불리고 있다. 그동안 이슬람 금식에 무슨 권능이라도 있는 것처럼 속이기 위한 이슬람의 이런 단어 사용 전략에 빠져 무슬림들이나 기독교인들마저 속아왔다고 생각한다. 꾸란 97장에 나오는 단어인 '레일라툴 까드르'는 (거룩한) 법령/규범(까드르, *qadr*)이 내려진 밤 정도의 뜻이다. 즉, 꾸란이라는 법령/규범(계시)이 내려진, 그래서 알라와 인간의 소통이 이루어진 밤 정도로 이해하면 된다. 아랍어로 운명은 까다르(*qadar*)이며, 권능/능력은 꾸드라(*qudra*)로서 세 단어의 자음 (*qdr*)은 같지만, 모음이 달라져 뜻도 다르다. 발음이 아주 비슷한 이 점을 이용(?)하여 27 일째 되는 밤을 권능의 밤이니 운명의 밤이니 하여 그날 무슨 권능이 임하거나 운명이 결정되는 날처럼 호도해 온 경우인 셈이다.

이러한 경우가 또 있다. 아랍어-영어 사전의 고전격인 한스 베어(Hans Wehr) 사전에서 아랍어 '다르 알이슬람'은 '이슬람의 지역/영역'이라는 뜻이다. 이 말의 반대 개념은 '다르 알하르브'로서 '전쟁 지역/영역'이라는 뜻이다. '다르 알이슬람'이 이루어지지 않은 나머지 영역을 전쟁 지역으로 명명한 것이라 이해하면 된다. 그런데 일반적으로 '다르 알하르브'의 반대 개념이 '다르 앗살렘(평화의 지역, 파라다이스)'으로 잘못 알려져 있다. 이슬람 지역/영역(다르 알이슬람)을 마치 전쟁 지역과 반대지역인 평화의 지역/영역(다르 앗살렘)으로 동일시하도록 호도하려는 의도에서 빚어진 것으로 보인다.

## 사실(팩트)이 아닌 거짓 뉴스나 소문

우리나라 고등학교 대입 수험생은 제 2 외국어(총 9 개 과목: 독일어, 프랑스어, 스페인어, 중국어, 일본어, 러시아어, 아랍어, 베트남어, 한문)를 선택하게 되는데, 그중에서 아랍어를 10 만 명 이상이나 제일 많이 선택하니 이러다가 우리나라가 이슬람화하는 것이 아니냐는 염려를 하고 있다. 그러나 전국 고등학교 수 2,395 개(학생 수: 129 만 9,965 명, 2021 년 통계) 중에서 아랍어를 선택과목으로 가르치는 학교는 다섯 손가락으로 꼽을 정도밖에 되지 않는다. 필자는 안산 동산고등학교에서 아랍어를 가르치고 있는데, 매년 평균 4-5 명이 배우고 있다. 이들 대부분은 대입을 위해서가 아니라 이슬람권, 아랍에 대한 관심이 높아서 배우고 있다. 홀로 수험준비를 위해 아랍어 교재를 구입하여 공부하는 학생을 포함하여 실제로 아랍어를 공부하는 학생의 숫자는 30 만 수험생에 비하면 정말 미미한 숫자에 불과하다. 그렇다면 왜 아랍어를 선택하는 것일까? 이슬람이 좋고, 이슬람을 받아들이기 위해서일까? 이유는 바로 수능에서 제 2 외국어를 상대평가하며 얻은 점수(등급)를 '사회 탐구' 과목과 대체할 수 있기 때문이다. 아랍어를 전혀 배운 적이 없어도 그냥 무조건 잘(?) 찍어서 1-3 등급의 상위 등급—프랑스어, 독일어, 스페인어 과목 등에서 1-3 등급 받기란 쉬운 일이 아니다—을 받았다고 치자. 이때 만약 사회 탐구 과목 등급이 아랍어 등급보다 더 낮게 나왔다면 제 2 외국어(아랍어) 과목 등급으로 대체할 수가 있으니 전혀 손해 볼 일이 없기 때문이다. 이런 사실을 알게 된 교육부에서는 이제 곧 아랍어도 절대평가를 하겠다는 발표를 했다. 그동안 이런 이유에서 아랍어를 많이 선택했는데, 이것이 이슬람화하는 요소가 될 거라며 헛소문을 퍼뜨려 와서 이슬람을 두려워하게 만들었다. 도대체 이것이 이슬람을 두려워할 이유가 되겠는가! 도리어 기독교인 부모들은 자녀들에게 아랍어를 배워서 그들의 문화를 이해하고 그들과 친구가 되라고 추천해야 하는 것이 아닌가! 필자가 합동신학대학원과 동산고등학교에서 아랍어와 아랍 문화를 강의하는 이유가 여기에 있다. 강의를 들은 학생들 가운데서 앞으로 이슬람을 제대로 이해하고 무슬림을 사랑하는 일꾼들이 많이 나오기를 바라는 마음 말이다.

한편, 이주민들이 많이 들어와서 이들을 치료하느라 우리나라 국민건강보험(의료보험)이 더 새어 나가니 이들의 입국을 반대하자는 의견도 있는데, 이 역시 가짜 뉴스이다. 이주민들은 자신들이 내는 의료보험료에 비해서 실제로 아플 때 진료받거나 치료받을 시간과 여건이 되지 않아 이들의 보험비가 의료보험 공단에서는 도리어 흑자를 내는 요소가 되고 있다. 연합뉴스 2021 년 10 월 9 일 인터넷판 기사는 "외국인 건보재정 2018-2020 년 3 년간 1 조 1 천 931 억 흑자"라는 제목으로 아래와 같이 설명하고 있다.

2020 년 12 월 말 기준 우리나라 건강보험에 가입한 외국인(재외국민 포함)은 120 만 9 천 409 명(직장 가입자 70 만 4 천 287 명, 지역 50 만 5 천 122 명)이다. 이들에게 2020 년 1 년간 부과된 보험료는 1 조 5,417 억 원이었다. 반면 외국인 가입자들이 병·의원이나 약국 등 요양기관을 이용하고 건강보험에서 받은 보험급여비는 9,542 억 원이다. 건강보험료로 낸 돈보다 보험급여를 적게 받음으로써 건강보험공단은 5,875 억 원의 재정수지 흑자를 거둔 셈이다. 외국인 가입자의 건보 재정수지는 2018 년 2,320 억 원, 2019 년 3,736 억 원, 2020 년 5,875 억 원 등의 흑자를 기록하는 등 매년 흑자 규모가 늘고 있다. 최근 3 년간 누적 흑자 규모가 1 조 1,931 억 원으로 1 조 원을 훌쩍 넘었다.

또한 이주민들의 범죄율이 높으니 이들의 입국을 막아야 한다는 의견도 있다. 그러나 경찰청이 제공한 '내국인 및 외국인 범죄율 비교'를 검색해보면 알 수 있듯이 이주민들의 범죄율보다는 내국인의 범죄율이 두 배 가까이 높은 게 현실이다. 그런데 이러한 사실을 모르고 무조건 국내 이주노동자, 특히 무슬림을 혐오해서는 안 될 것이다.

## 연약해진 한국교회, 물질만능주의

1990 년대 중반까지만 하더라도 한국교회는 양적으로 성장일로에 있었으며, 어린이 교육과 문화 활동 등 사회의 모든 면에서 앞장서 간 것이 사실이다. 그러나 점점 사회적 책임 수행 능력이 약해지며, 물질만능주의에 사로잡히는 바람에 교회는 힘을 잃어가게 되었다. 예수 그리스도의 복음 진리를 바탕으로 세상을 향해, 타종교를 향해 방향을 제시해야 할 교회가 세속주의와 이기적인 개(個)교회 중심으로 바뀌면서 사회의 지탄을 받기 시작했다. 그리하여 한국교회는 우리 땅에 찾아온 20 만 명의 외국 무슬림

을 환대하기는커녕 이들을 환대하고 포용할 힘을 잃었기 때문에 경계의
눈초리로 대하며 심지어 두려워하기 시작했다.

  좀 더 자세히 이 내용을 살펴보자. 아래는 2018 년 제주도의 560 여 명
난민을 위해 '선한 사마리안 행동'이라는 이름으로 당시 사역했던 분들이
그해 8 월 18 일에 보내온 기도 요청 글이다.

> 중보해 주세요! 어제(17 일) 오후 2 시 40 분에 사마리안 하우스가
> 위치한 모 마을 사무실에 그곳 초등학교 학부모 긴급 모임이 있다
> 는 소식을 듣고 참석했습니다. 그곳 초등학교를 중심으로 한 마을
> 주민들의 입장은, 폐교 위기에 있던 초등학교와 지역이 이제 자연과
> 더불어 아이들을 키우고 싶다는 육지 학부모들의 유입으로 학교와
> 동네가 겨우 살아났는데, 이곳에 예멘 난민 캠프는 절대 받아들일
> 수 없고, 최대한 빨리 이곳을 떠나달라는 겁니다. 우리는 대화하고
> 소통할 것을 부탁하고, 이들도 당신의 자녀들과 똑같은 사람이라고
> 이야기했으나, 말하는 중간에도 조금만 자기들의 마음에 안 맞으면
> 고성이 오가고 단체로 따지는 모양새였습니다. 무조건 무섭고 싫으
> 니 나가라고만 합니다. 그 자리에 참석한 출입국청 직원들에게 정부
> 에 대해 강한 불신을 표현하며, 반드시 책임지라고 말하며, 만약 그
> 러지 않으면, 앞으로 나가지 않으면 집단행동을 하겠다고 이야기합
> 니다. 마을 회의 후 출입국청 과장님과 따로 이야기했는데, 이분들
> 도 하루 종일 책임지라는 반대 측의 항의 전화를 받고 있어 업무가
> 안 될 정도라고 합니다. 이분 말로는 제주도민들이 정말 원하는 것
> 은 어느 섬에다가 예멘 난민들을 치워달라는 뜻이라고 합니다. 며칠
> 전부터 경찰들과 주민들이 오가는 것과 제 얼굴을 본 예멘 형제들
> 이 눈치를 챈 거 같아 솔직히 이야기해 줬습니다. 그들은 제주시에
> 서 이미 몇 번이나 이런 일을 겪었기에 이해한다고는 했지만 금방
> 풀이 죽은 모습을 보입니다. 그래서 어제 저녁 해변가 이마트에 데
> 리고 가서 아이쇼핑도 하고 바닷바람도 쐬고 맥도날드 햄버거도 함
> 께 먹었습니다. 주님이 이 일을 어떻게 인도하실지 기대하는 마음을

가질 수 있도록, 이 일을 통해 오히려 하나님 아버지의 살아계심과
영광이 드러나도록 기도해 주세요!

이렇게 무조건 반대하는 입장에 우리의 교회들이 많이 앞장섰다는 것은
주지의 사실이다. 무슬림인 예멘 난민을 반대했던 가장 큰 이유는 그들이
무슬림이라서가 아니라 우리 학교와 동네가 겨우 살아났는데 그 살아나던
도시 경제가 다시 죽을 것을 염려했기 때문이었다. 2021년부터 불거진 대
구 북구의 모스크 건축을 그렇게도 반대하고 있는 이유가 집값, 땅값이 떨
어질까 우려한 것도 자타가 시인하는 사실이다. 예멘 난민 입국 때와는 달
리 아프가니스탄 특별기여자 391명의 입국을 찬성하는 국민들이 많았으
나, 막상 울산 한 지역에 일부 가정들이 배정되어 한 초등학교에 28명의
아프간 학생들이 입학할 예정이라고 하자, 그 학교 학부모들이 한참 동안
반대 시위를 열었다. 이유는 자기 자녀들을 한국말도 잘 모르는 무슬림인
그들과 함께 배우게 할 수 없으니 그들을 차라리 외국인학교로 보내달라
는 것이다. 이와 같은 세 경우—제주 예멘 난민, 대구 북구 모스크 건축,
아프간 난민 자녀 수용—모두에 반대를 하는 자들 가운데 기독교인이 상
당수 포함되어 있으니, 그들이 사람(이웃) 사랑보다도 물질을 더욱 사랑하
는 듯하여 안타까울 뿐이다. 800만이 넘는 기독교인이 20만의 무슬림을
두려워하고 무서워한다는 사실이 참으로 안타깝다. "약해진 조국의 교회
여, 담대히 일어서라!"라고 외치고 싶다.

## 문화적으로 열린 생각을 가지지 못함

문화적으로 열린 생각을 가지지 못하면 상대방의 입장과 바꿔서 생각할
엄두를 전혀 내지 못할 수밖에 없다. 크리스마스가 공휴일이 아닌 이슬람
국가에서 살 때였다. 대학 강의실에 들어서는 내게 무슬림 학생들이 "메리
크리스마스!"라고 인사를 하였다. 나는 "너희들은 기독교인도 아닌데 왜

내게 그런 인사를 하느냐? 하지 마!"라고 하지 않았다. 필자는 그 인사를 받을 때 기분이 참 좋았다. 그들이 무슬림이었지만 내 신앙을 인정하고 존중해 주는 거라고 느꼈기 때문이다. 반대로 라마단 금식기간이 되면 한 달 내내 만나는 무슬림들에게 나는 "라마단 마브룩! 라마단 무바라크!"(복된 라마단 달이 되기를!)라고 인사를 하였다. 그때 내 인사를 받은 무슬림 중에 얼굴을 붉히면서 "넌 무슬림도 아닌데 왜 내게 그런 인사를 하느냐?"라고 필자에게 따지며 그런 인사하지 말아달라고 요청한 사람은 단 한 사람도 없었다. 이렇듯 종교는 달라도 피차 마음을 담아 인사를 나누는 것은 서로의 관계를 이어가며 대화를 이어갈 수 있게 한다.

할랄 공장 폐지 운동을 돌이켜 보자. 한인들이 많이 모여 살게 된 어느 외국에서 드디어 먹고 싶던 김치를 해 먹으려고 김치공장을 만들려고 하는데, 그곳 현지인들이 냄새나고 자기네들이 먹지도 않는 김치를 만든다며 김치공장 폐지 운동을 한다면 우리 한인들의 마음은 어떨까를 생각해 보자. 할랄(아랍어로 '허용되는, 인정되는'이란 뜻) 식품은 돼지고기는 물론 이슬람식으로 도축하지 않은 각종 고기를 못 먹는 국내 거주 20만 무슬림, 그들만을 위한 음식이다. 할랄 고기는 무슬림들이 가축을 도살할 때 메카의 방향으로 가축의 머리를 뉘고 "비스밀라"(알라의 이름으로)라고 외친 후, 목 안쪽의 경정맥(頸靜脈)을 잘라서 피를 다 흘려 쏟아낸 것을 가리킨다. 특별히 더 위생적인 것도 아니며, 도축 전에 기도를 위해 수많은 이맘(이슬람 종교지도자)이 몰려올 것이라는 말도 사실이 아니다. 칼을 잡은 자 그 누구나 메카 방향을 향해서 간단히(?) 도축할 수 있기 때문이다. 기독교인 중에 이것을 마치 우상에게 바쳐진 음식과도 같이 여겨 거부감을 가지는 자들이 있으니 다시 생각해 보아야 할 일이다. 할랄 음식 반대 서명운동은 기독교인이 과거의 십자군 정신을 여전히 유지하면서 무슬림에게 접근하는 방식을 표현하는 것으로 비칠 수가 있다. 무슬림들은 이러한 기독교인의 공격적인 행위들을 보면서 복음의 메시지에 귀를 닫게 된다. 이로써 익명의 저자가 말했듯이 "한 영혼을 구원하는 것이 다른 어떤 것을 잃는 것보다 가치 있음"을 망각하게 되는 것이다. 우리와는 다른 이들의 문화를 수용하지 못하고 배척하려는 태도는 그들의 마음을 닫히게 하고 우리에 대한 적대심을 불러일으킬 뿐이다.

## '이슬람' 포비아를 떨쳐버리는 방법

무슬림이든지 동성애자든지 어떤 대상이든지 그들에 대한 편견을 가지게 되면 그들을 혐오하게 되고, 혐오감이 생기면 증오하게 되고, 결국은 그들을 배제하려는 움직임이 생기는 법이다. 이러한 자세야말로 무슬림을 사랑하고 그들에게 복음을 전하려는 우리에게 가장 큰 장벽이 된다. 그렇다면 이제 이러한 '이슬람' 포비아를 떨쳐버리고 무슬림을 사랑할 수 있는 방법은 무엇인지 살펴보도록 하자. 다음의 두 가지만으로도 충분하다고 생각한다.

### 이슬람의 실체를 바로 알기

이슬람교는 폭력적이며 위장에 강한 것이 역사의 흐름 속에 잘 나타나 있다. 메카에서의 계시와 메디나에서의 계시의 차이점을 비교해 보면 이슬람교가 다분히 폭력적이고 타종교에 결코 우호적이 아님을 알 수 있다. 무함마드가 처음으로 계시를 받았을 당시에 살고 있던 메카에서는 자신들의 세력이 아주 약해서 살아남기 위해 평화를 외쳤다. 그러나 메디나로 옮긴 뒤로 힘이 자랐을 때부터 계시받은 꾸란에는 계속 "이슬람을 따르지 않는 자는 칼로 다스리라, 쳐서 없애라"라고 적혀 있다. 메카에 있을 때는 모르는 게 있으면 먼저 믿은 기독교인들에게 물어보라거나 그들을 친구로 삼으라 했지만, 본거지를 메디나로 옮긴 뒤에는 유대인을 원숭이 등으로 부르고(꾸란 2:65), 기독교인들을 절대 친구로 삼지 말라고 했다. 이러한 꾸란에서의 내용과 무함마드의 행적과 언행에 기초한 교리인 순나와 하디스의 전통과 이것에 기초한 샤리아법을 문자적으로 따르는 무리가 바로 근본주의자 혹은 급진주의자로 불리기도 하는 이슬람 원리주의자이다. 대부분의 무슬림은 여기에 속하지 않는다. "테러리스트들이야말로 진정한 무슬림이고, 그 외의 대다수의 무슬림은 진정한 무슬림이 아니다"라는 말은 어느 정도 사실이다. 그러니 자신들을 테러리스트로 여기지 말아달라고 하는 대다수의 무슬림이 불쌍한 것이다. 테러리스트도 아닌데 폭력주의자로 오해받고 있으니 말이다.

그러므로 진정한 이슬람이 무엇인지도 모르고 그저 어렸을 때부터 종교교육에 세뇌되어 "우린 모두 무슬림일세!"라고 외치는 자들, 어두움의 영에 사로잡힌 명목상의 무슬림들을 사랑의 마음으로 품고 기도하며 그들에게 사랑의 복음을 전해야 한다. 이처럼 이슬람 가정에서 태어나 어려서부터 종교교육을 받은 대다수의 명목상의 무슬림을 불쌍히 여기며 사랑하는 마음을 가지면 '이슬람' 포비아는 사라지리라 믿는다. 요한일서 4장 18절의 말씀이 마음에 더 와닿는 까닭이 여기에 있다.

> 사랑 안에 두려움이 없고 온전한 사랑이 두려움을 내쫓나니 두려움에는 형벌이 있음이라. 두려워하는 자는 사랑 안에서 온전히 이루지 못하였느니라.

부끄러운 고백을 하나 해야겠다. 필자는 2006년 두 달간의 여름 안식월을 보낼 때까지만 하더라도 파송교회와 동역하는 교회를 방문하여 사역보고를 할 때면 이렇게 외쳤다. "여러분, 북아프리카 이슬람권에서 성경번역을 하며 복음을 전하기가 얼마나 어려운지 아십니까? 소양강 댐 같은 거대한 콘크리트 댐을 무너뜨리려고 열 손가락으로 박박 긁어대는 것과 같은 형국(形局)입니다. 그러면 그 댐이 무너지나요? 손톱 끝이 다 닳아지고 손톱 끝에선 피가 줄줄 흐를 뿐입니다." 그러면 성도들은 "은혜 많이 받았다. 앞으로 열심히 기도하겠다"라고 응답하곤 했다. 그러나 그해 북아프리카로 돌아가서 회개를 많이 했다. 하나님께서 이렇게 책망하시는 것을 느꼈기 때문이다. "너 왜 그리 믿음 없는 말, 쓸데없는 말, 형편없는 말을 지껄이고 다녔느냐? 1990년대 초에 소련이 그렇게 순식간에 무너질 것을 너희들이 알았느냐? 이같이 내 때가 되면 금이 간 댐인 거짓 이슬람은 와르르 무너질 텐데, 왜 말도 안 되는 소리를 해대고 다녔느냐?" 그렇다. 이슬람은 영적으로 무너뜨릴 수 없는 거대한 댐처럼 보이지만, 진리가 아니기에 이미 금이 간 댐이다. 그러므로 하나님의 때가 되면 순식간에 와르르 무너질 종교임을 알고 두려워할 필요가 전혀 없다. 그런 순간이 오기까지 그저 무슬림을 사랑하는 것만이 우리의 할 일일 뿐이다.

### 환대(Hospitality), 나그네 접대하기

이슬람권, 특히 아랍 지역의 어느 시골에 가더라도 먹을 것, 잠잘 곳을 걱정할 필요가 없다는 사실은 '내 집이 네 집이고, 네 집이 내 집'이라는 아랍어 속담과 함께 앞에서 이미 설명하였다. 이는 누군가를 맞이할 때 기쁨으로 맞이하고, 손님으로 맞이한 후에는 나와 손님 사이에 그 어떤 구분이 있어서는 안 되고, 동등한 친구로서 편하게 지내도록 배려해야 한다는 마음을 표현한 말이다. 우리도 이처럼 그들을 환대하여야 한다.

필자가 안산의 어느 교회에서 국내 이주 무슬림 사역에 관한 설교를 한 후 예배당을 나오고 있는데, 50대 여성도 한 분이 내 앞에 다가섰다. 그리고는 "선교사님, 이제서야 길거리에서 히잡을 쓴 여인들, 콧수염을 기른 남자들을 봐도 무서워하지 않게 됐어요"라고 말씀하셨다. 그러더니 "이제 그들을 만나 카페에서 커피도 마시고, 그들의 집에도 놀러 갈 수 있고 우리 집에도 초대할 수 있는 친구가 된다는 걸 오늘 알게 됐어요. 그런 용기가 생겼어요"라고 고백하는 것이 아닌가! 우리 주변에서 외국 이주민들을 만나면 무슬림이든 아니든 친구로 사귀며, 집에도 초청하고 서로 방문하기를 제안한다. 결코 무서운 사람들이 아니라, 우리의 도움을 애타게 기다리고 있는 사람들임을 알게 될 것이다. 독일에 거주하고 있는 무슬림 난민들에게 방송국에서 인터뷰를 했다는 얘기를 들었다. "현재 가장 원하는 것, 필요한 것은 무엇인가요?"라는 질문에 "독일 가정에 초대받고 싶어요"라는 대답이 제일 많았다고 한다. 히브리서 13장 2절(손님 대접하기를 잊지 말라. 이로써 부지중에 천사들을 대접한 이들—아브라함과 사라—이 있었느니라)은 창세기 18장에서 아브라함이 어떻게 손님을 접대했는가를 떠올리게 한다. 아브라함은 자신의 장막 맞은편에 서 있던 세 사람의 발을 씻기고, 빵을 굽고, 기름지고 좋은 송아지를 잡고, 우유와 요거트를 나무 그늘 아래 차려놓고, 그들이 먹는 동안 그들 앞에서 시중을 들었다. 그래서 그날 그들로부터 "내가 반드시 네게로 돌아와 아들을 낳게 하리라"는 축복의 말씀을 들었는데, 아마도 그 세 천사는 삼위 하나님의 현신(現身)이었지 않나 생각된다. 나그네 대접은 "지극히 작은 자에게 한 것이 바로 내게 한 것이니라"라는 예수님의 말씀을 실천에 옮기는 삶이 분명하다.

## 이슬람의 신 알라와 기독교의 하나님

이 주제가 '이슬람' 포비아와 관련이 있을까라는 생각을 가지는 독자가 있을 것이다. '알라'라는 이슬람의 신의 이름을 기독교인이 그렇게 거부감을 가지고 대해야 하는가와 연관되므로 이 장에서 다루고 지나가야겠다. '이슬람의 신 알라와 기독교의 하나님은 같은 분인가?'라는 질문처럼 자주 입에 오르내리는 질문이 있을까? 이슬람 측에서는 끊임없이 같은 신이라고 대답하며, 기독교 측에서는 끊임없이 다르다고 얘기해 왔다. 어떤 이는 알라는 이슬람이 발흥하기 직전인 7세기까지만 하더라도 아라비아 반도에서 경배의 대상이었던 수많은 신들 중 가장 힘이 센 신의 이름이라고 주장한다. 어떤 이는 달(月)의 신의 이름이라고도 하고, 아랍어에서 일반적인 신을 가리키는 단어인 '일라(ila)'에 정관사 '알(al)'이 붙은 알일라(al+ila)가 알라(Allah)가 되었다고 주장한다. 그러나 아랍어 꾸란에 사용된 '알라'라는 이름은 하나님(God)을 뜻하는 아람어 '알라(Alah)'에서 온 것이 명명백백하다. 이슬람의 발흥 훨씬 이전인 주전(BC)부터 주후(AD) 8세기까지 메소포타미아와 중동의 유대인들과 아랍 기독교인이 사용한 아람어에서 이미 알라는 하나님(God)으로 널리 사용되어 왔기 때문이다. 성경의 유대인 번역인 탈굼(Targum)과 고전 탈무드뿐만 아니라 구약성경 중 아람어로 기록된 에스라서와 다니엘서에도 하나님은 알라(Alah)로 기록되어 있다.[5]

에스라서에서 히브리어로 기록된 1:1-4:7까지는 하나님의 이름으로 '엘로힘'이 사용되었다가 아람어로 기록된 4:8-6:18까지는 알라(Alah 와 Alaha)가 사용되었다. 그러다가 다시 히브리어로 기록된 6:19-7:11까지 엘로힘이 사용되었고, 아람어로 기록된 7:12-26에서는 다시 알라(Alah 와 Alaha)가 사용되었다. 에스라서에는 알라(Alah 와 Alaha)가 총 42회 언급되었다. 다니엘서에는 아람어로 기록된 2:4-7:28까지 알라(Alah 와 Alaha)가 총 51회 언급되었고, 히브리어로 기록된 8장 이후부터는 다시 엘로힘(단 9:3)이 사용되었다. 예레미야 10장 11절에서도 아람어로 알라(Alah)가 한 번 사용되었다.

그런데 이슬람에서는 꾸란을 계시한 신을 '알라'로 기록하였는데, 이미 기독교의 영향을 받은 아라비아 반도 내의 출신인 무함마드와 그의 친족들에게 이는 상당히 자연스러운 일일 수밖에 없다. 그러나 꾸란에서 알라는 삼위일체와 예수 그리스도의 구속 사역을 부인하는 신이 되어 그 속성과 개념이 완전히 달라져 버렸다. 그리하여 이제는 기독교인이 자기가 믿는 신을 알라라고 부르면 마치 무슬림인 것처럼 오해를 받게 되었다. 이미 성경에서 사용된 하나님의 이름 '알라'를 이슬람에 빼앗겨 버린 셈이다. 이처럼 알라의 속성과 그 신적 개념이 완전히 달라진 이슬람의 가르침에서 벗어나 알라의 참 속성과 개념을 회복해야만 아랍인들의 교회는 바로 설 수 있다. 아랍계 기독교인인 쇼켓 모우캐리(Chawkat Moucarry, 샤우까트 무까르리)는 아래와 같이 주장했다.

오늘날 우리는 여전히 알라와 하나님은 다르다는 사실의 인식 부재, 외면할 수 없는 악화된 기독교와의 역사적 관계, 서구 유럽에서의 무슬림 이주자 문제, 이스라엘과 팔레스타인 문제에 둘러싸여 있다. 그러나 하디스는 경전(성경) 자체가 왜곡됐다는 이야기들을 거의 포함하고 있지 않다. 단지 무함마드와 예수에 관해 경전의 의미가 왜곡되었다고 주장한다.6

# 4

## 국내 아랍 무슬림의 삶의 현장

# 국내 아랍 무슬림의 삶의 현장

이 장에서는 국내 거주 아랍 무슬림을 위한 교회개척 방안을 제시하기에 앞서 이들이 우리나라에서 어떻게 살아가고 있는가를 살펴보도록 한다. 우리나라에 살면서 이들이 겪는 어려움이 무엇인지, 그 어려움을 어떻게 극복해 나가고 있는가를 살펴보기 위해 필자의 논문에 담긴 34 명의 아랍인을 인터뷰(질적 조사)한 분석 결과를 인용할 것이다. 그래야 한국교회와 기독교인들이 아랍 무슬림을 만날 때 적용해 나가야 할 항목들이 무엇인지 알 수 있기 때문이다.

## 국내 아랍 이주민의 실태

먼저 국내 아랍 이주민의 실태를 살펴보도록 하자. 국내에 머물고 있는 아랍인의 숫자는 물론, 그들의 체류 자격을 함께 파악하는 것이 그들을 섬기는 데에 도움이 될 것이라 여겨 도표에 담아 보았다. 이 도표를 통해서 이들이 왜 국내에 들어왔는지를 알 수 있게 되고, 이들을 누가 어떻게 돌봐야 하는가라는 질문에도 대답해 나갈 수 있을 것이다. 법무부에서 매월 발표하는 출입국 「외국인정책 통계월보」가 있는데, Covid-19 팬데믹이 시작되는 시점(2020 년 1 월)을 중심으로 Covid-19 발생 2 년 6 개월 전의 통계월보와 Covid-19 발생 2 년 1 개월 뒤의 통계월보 세 개를 분석하여 도표를 만들어 보았다.

- 출입국 외국인정책 통계월보 20170630(moj.go.kr)
- 출입국 외국인정책 통계월보 20191231(moj.go.kr)
- 출입국 외국인정책 통계월보 20220131(moj.go.kr)

## 아랍연맹 22 개 국가 국적의 국내 거주자 수[1]

다음의 <표 2>는 위의 통계월보에 근거한 아랍연맹 22 개 국가 국적의 국내 거주자 수 현황이다.

표 2. 아랍연맹 22 개 국가 국적의 국내 거주자 수 현황(단위: 명)

| 국가명 | 2017 년 6 월 체류 중인 숫자 | 2019 년 12 월 체류 중인 숫자 (Covid-19 직전) | 2022 년 1 월 체류 중인 숫자 | 2017.6-2022.1 증감 (볼드체는 증가) |
|---|---|---|---|---|
| 중동 12 개국 | | | | |
| 레바논 | 64 | 52 | 43 | -21 |
| 바레인 | 26 | 32 | 11 | -15 |
| 사우디아라비아 | 1,386 | 1,271 | 863 | -523 |
| **시리아** | 1,392 | 1,575 | 1,547 | **155** |
| 아랍에미리트 | 1,046 | 1,426 | 500 | -546 |
| **예멘** | 458 | 1,071 | 1,082 | **624** |
| 오만 | 73 | 59 | 48 | -25 |
| **요르단** | 440 | 471 | 498 | **58** |
| **이라크** | 409 | 497 | 517 | **108** |
| 카타르 | 60 | 107 | 42 | -18 |
| 쿠웨이트 | 144 | 148 | 64 | -80 |
| **팔레스타인** | 52 | 65 | 60 | **8** |
| 계 | 5,550 | 6,774 | 5,275 | -275 |

| 아프리카 10 개국 | | | |
|---|---|---|---|
| 리비아 | 340 | 885 | 650 | 310 |
| 모로코 | 717 | 1,490 | 1,407 | 690 |
| 모리타니아 | 14 | 15 | 16 | 2 |
| 소말리아 | 15 | 20 | 24 | 9 |
| (북)수단 | 326 | 321 | 278 | -48 |
| 알제리 | 210 | 539 | 464 | 254 |
| 이집트 | 3,508 | 3,387 | 2,833 | -675 |
| 지부티 | 4 | 4 | 4 | 0 |
| 코모로 | 9 | 6 | 1 | -8 |
| 튀니지 | 244 | 364 | 323 | 79 |
| 계 | 5,387 | 7,031 | 6,000 | 613 |
| 22 개국 총계 | 10,937 | 13,805 | 11,275 | 338 |
| 국내 체류<br>외국인 총수 | 2,055,850 | 2,524,656 | 1,947,659 | -108,191 |

필자가 만나는 아랍인들의 많은 수가 미등록 외국인[2]이다. 위 표의 숫자들은 약 40 만 명으로 추정되는 미등록 외국인 가운데서 아랍인도 포함한 숫자이다. 이 표에서 파악할 수 있는 내용은 다음과 같다.

- 중동 12 개국 중에서 아라비아반도 내의 부유한 주요 산유국(아랍 에미리트, 사우디아라비아, 쿠웨이트 등)에서는 대체로 인원이 많이 감소하였다.
- 아프리카 10 개국 중에서 이집트와 '기독교인 중심의 남수단'과 분단이 된 (북)수단에서는 감소하였다.
- 중동 12 개국 중에서 아랍의 봄을 전후하여 난민이 발생한 국가(예멘, 시리아, 이라크 등)에서는 대체로 인원이 많이 증가하였다.
- 아프리카 10 개국 중에서 아랍의 봄 영향을 받아 난민이 많이 발생한 마그레브 5 개국(모리타니아, 모로코, 알제리, 튀니지, 리비아)과 소말리아에서 인원이 증가하였다.

종합하여 살펴보면, 국내 거주 아랍국가 출신들의 수 증감에는 난민 이슈가 깊이 관여돼 있음을 알 수 있다.

### 아랍연맹 22 개 국가 국적의 국내 거주자 체류 자격[3]

아래 <표 3>은 최근 것인 2022 년 1 월 통계월보에 근거하여 작성한 아랍연맹 22 개 국가 국적의 국내 거주자 체류 자격 현황이다. 국내의 35 가지가 훌쩍 넘는 체류 비자의 종류를 개별국가별로 일일이 분석하여 도표를 만들기보다는 상대적으로 많이 차지하고 있는 여섯 가지 체류 자격만을 국가별로 분석하여 각 국가의 체류 특성을 구분할 수 있게 만들었다. 볼드체 숫자는 가장 많은 비율을 차지하는 체류자격을 가리키며, 볼드체 국가는 체류 자격 중 난민(난민 신청자 포함)이 가장 많은 나라를 가리킨다.

표 3. 아랍연맹 22 개 국가 국적의 국내 거주자 체류 자격 현황

| 국가명 | 2022 년 1 월 체류자 수 | 관광/ 단기 방문 | 유학/ 연수 | G1 (난민/ 기타) | 거주/ 동반 | 기업 투자 | 결혼 이민 | 6 개 체류 자격 소계 | 6 개 체류 자격 비율(%) |
|---|---|---|---|---|---|---|---|---|---|
| 중동 12 개국(볼드체는 G1 비자 가장 많음) | | | | | | | | | |
| 레바논 | 43 | 2 | **5** | 2 | **5** | 2 | 6 | 22 | 51.2 |
| 바레인 | 11 | 0 | **6** | 0 | 0 | 0 | 1 | 7 | 63.6 |
| 사우디 아라비아 | 863 | 23 | 206 | 3 | **282** | 49 | 5 | 568 | 65.8 |
| **시리아** | 1,547 | 17 | 14 | **1,184** | 219 | 60 | 16 | 1,510 | 97.6 |
| 아랍 에미리트 | 500 | **194** | 51 | 136 | 8 | 1 | 0 | 390 | 78 |
| **예멘** | 1,082 | 11 | 30 | **746** | 202 | 31 | 14 | 1,034 | 95.6 |
| 오만 | 48 | **14** | 10 | 1 | 4 | 0 | 1 | 30 | 62.5 |
| 요르단 | 498 | 76 | 46 | 18 | **164** | 95 | 13 | 412 | 82.7 |
| 이라크 | 517 | **116** | 47 | 107 | 110 | 31 | 10 | 421 | 81.4 |

| | | | | | | | | | |
|---|---|---|---|---|---|---|---|---|---|
| 카타르 | 42 | 2 | **6** | 2 | 1 | 0 | 1 | 12 | 28.6 |
| 쿠웨이트 | 64 | 5 | 7 | 2 | **10** | 0 | 2 | 26 | 40.6 |
| 팔레스타인 | 60 | 3 | 9 | 8 | 9 | **15** | 2 | 46 | 76.7 |
| 계 | 5,275 | 463 | 437 | 2,209 (41.9%) | 1,014 (19.2%) | 284 | 71 | 4,478 | 84.9 |
| 아프리카 10개국(볼드체는 G1 비자 가장 많음) | | | | | | | | | |
| 리비아 | 650 | 109 | 9 | 62 | **239** | 99 | 3 | 521 | 80.2 |
| **모로코** | 1,407 | 95 (사증면제 87) | 208 | **541** | 58 | 2 | 349 | 1,253 | 89.1 |
| 모리타니아 | 16 | **3** | 1 | 1 | **3** | 0 | 0 | 8 | 50 |
| 소말리아 | 24 | 2 | **13** | 3 | 2 | 0 | 0 | 20 | 83.3 |
| **(북)수단** | 278 | 15 | 40 | **67** | 57 | 12 | 2 | 193 | 69.4 |
| **알제리** | 464 | 40 | 41 | **262** | 21 | 1 | 41 | 406 | 87.5 |
| **이집트** | 2,833 | 298 | 150 | **1,570** | 334 | 56 | 113 | 2,521 | 89 |
| 지부티 | 4 | 1 | 0 | 0 | 0 | 0 | 0 | 1 | 25 |
| 코모로 | 1 | 0 | 0 | 0 | 0 | 0 | 1 | 1 | 100 |
| **튀니지** | 323 | 40 (사증면제 36) | 47 | **125** | 17 | 1 | 43 | 273 | 84.5 |
| 계 | 6,000 | 603 | 509 | 2,63 (43.9%) | 731 (12.2 %) | 171 | 550 | 5,197 | 86.6 |
| 22개국 총계 | 11,275 | 1,066 | 946 | 4,840 (42,9%) | 1,745 (15.5%) | 455 | 621 | 9,675 | 85.8 |

위 표에서 파악할 수 있는 내용들은 다음과 같다.

- 중동 12개국 중에서 예멘과 시리아에서는 난민 인정 신청자에게 부여하는 G1 비자의 숫자가 가장 많고, 기타 아라비아반도 내의 국가들은 관광/단기방문 비자와 거주/동반 비자가 많았다.

- 중동 12개국 중에서 6개 체류자격 비율이 90%를 넘는 나라는 예멘과 시리아로서 G1 비자 숫자가 가장 많은 나라이다.

- 아프리카 10개국 중에서 G1 비자의 숫자가 가장 많은 비율을 차지한 다섯 개의 나라(모로코, 수단, 알제리, 이집트, 튀니지)에서는 수단을 제외하고는 6개 체류자격 비율이 모두 80%를 넘는다.

- 아프리카 10개국 중에서 리비아의 경우 거주/동반비자(239명)가 G1 비자
  (62명)보다 많으나, G1 비자의 비율이 점점 늘어나고 있다. 그리고 G1 비자
  숫자가 제일 많은 다른 아프리카 5개국과 마찬가지로 6개 체류자격 비율이
  80%를 넘는다.

<표 2>와 <표 3>을 종합적으로 살펴볼 때, 2022년 1월 당시 국내에
거주하고 있는 모든 아랍인(11,275명) 가운데 가장 많은 체류자격은 난민
인정 신청자에게 주어지는 G1(42.9%) 비자임을 알 수 있다. 이들과 함께
거주하는 동반 비자의 경우를 합친다면, 국내에 체류하고 있는 아랍인 중
에서 절반(50%)에 가까운 수가 난민 인정 신청을 이유로 머물고 있다고
볼 수 있다. 그러므로 국내 아랍인을 마음에 두고 사역하고자 하는 이들은
이들이 처한 상황이 난민 인정을 요구하는 상황과 맞물려 있음을 반드시
알아야 한다. G1 비자를 가지고 있는 사람들은 난민 인정을 신청한 지 6
개월이 지나면 사업주의 허락을 받고 취업도 할 수 있으므로, 이들의 대부

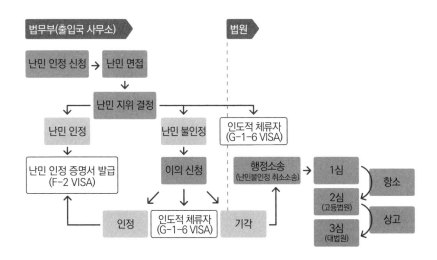

그림 5. 난민 인정 신청 비자(G1-5 VISA) 프로세스 Copyright 피난처 2021

분은 실제로 3D(dirty, difficult, dangerous) 업종에서 온 시간을 쏟아 일하고 있는 노동자이기도 하다. 난민 인정 신청자들은 난민 면접을 한 후에 난민의 지위가 결정된다. 앞의 <그림 5>에서처럼 난민 신청자들은 난민 지위가 불인정되면 이의 신청하고, 이의 신청마저 기각되면 다시 행정소송(난민 불인정 취소 소송)을 하게 되어 세 차례(1 심, 항소, 상고)의 소송을 더 거치게 된다. 대부분의 난민 인정 신청자들은 이러한 과정(단계)의 하나에 속해 있으므로 늘 정신적인 스트레스에 노출되어 있다.

### 우리나라 난민 인정 실태

참고로 우리나라의 난민 인정 실태를 살펴보자. 1994 년 이후 2021 년 6 월 말까지 난민 인정 신청자는 72,217 명이며, 심사결정 완료자는 39,842 명이다.[4] 이 중 1,112 명이 난민 인정을 받았고, 2,410 명이 인도적 체류허가를 받아 총 3,522 명이 난민 인정(보호)을 받고 있다. 난민 신청사유는 종교(17,137 명), 정치적 의견(13,111 명), 특정 사회집단 구성원(7,344 명), 인종(3,883 명), 국적(385 명), 기타(30,357 명)이다. 기타의 사유에는 결혼 관련 이슈, 경제적 이유, 명예살인의 위협, 부족이나 가족관계 등 아주 다양하다.

지난 27 년간(1994 년-2021 년) 총 난민 인정률은 2.8%이며, 2021 년 상반기(1 월-6 월) 인정률은 0.4%이다. 난민 인정자(F2 VISA)의 주요 출신 10 개국은 미얀마, 에티오피아, 방글라데시, 파키스탄, 이란, 부룬디, 예멘, 수단, 이집트, 콩고 민주공화국(DRC)으로 아시아 5 개국과 아프리카 5 개국이며, 인도적 체류자(G1-6 VISA)의 주요 출신 10 개국은 시리아, 중국, 미얀마, 예멘, 파키스탄, 부룬디, 코트디부아르, 이집트, 리비아, 콜롬비아로 아시아 5 개국, 아프리카 4 개국, 남미 1 개국이다. 이 20 개국 가운데 5 개국(예멘, 수단, 이집트, 시리아, 리비아)만이 아랍 국가이다.

앞의 <표 3>에서 알 수 있듯이 국내 체류 아랍인의 절반에 가까운 42.9%는 난민지위 인정을 신청한 비자(G1)를 가지고 있다. 우리나라의 난민 인정률은 전 세계 평균에 비해 상당히 낮다. 대한민국의 2019년 전체 난민 보호율(난민 인정률+인도적 체류 허가율)은 7.7%(1.6%+6.1%)로서 전 세계 46%에 비하면 6분의 1에 해당하며, 난민 인정률 1.6%는 전 세계 평균 36%에 비하면 23분의 1에 불과하다.5 우리나라의 난민 인정률은 난민협약기구에 가입한 142개국 중 139위를 차지할 뿐이다. 앞에서 설명한 대로 대부분의 난민 신청자가 그러하듯이 아랍인 난민 인정 신청자들도 난민 불인정 결과에 대하여 이의 신청을 하고, 이의 신청마저 기각되면 다시 행정소송에 들어간다. 3심인 상고심의 결과가 나오기까지 1년 이상의 시간이 소모되는 동안 이들 또한 늘 거주 형태와 비자의 불안정으로 정신적인 스트레스에 노출되어 있음을 이해할 필요가 있다.

## 인터뷰와 질적 데이터 분석

이제 구체적으로 국내에 머무는 동안 아랍 무슬림들에게는 어떤 어려움이 있는지 살펴보도록 하자. 이를 위해 필자가 직접 국내에 체류하고 있는 34명의 아랍인을 만나 인터뷰를 진행한 결과를 나누도록 한다. 인터뷰를 통해 수집된 질적 데이터는 자료를 분석할 때 주관적이 되기 쉬워 '주관적인 이론화'라는 약점을 띠게 된다. 이 약점을 보완하기 위하여 근거 이론(grounded theory)에 따라 캐티 차마스(Kathy Charmaz)가 제안한 일차 코딩, 집중 코딩, 이론적 코딩의 단계를 따라 코딩을 하였다. 그리고 코딩 후에는 질적 데이터 분석(QDA: Qualitative Data Analysis) 방식을 사용하였는데, 인터뷰 자료의 실제적 분석 방법으로는 엔비보(NVivo)6를 사용하였다.

## 한국 생활의 어려움과 그 극복 방법

### 커뮤니케이션

커뮤니케이션과 관련하여 이들이 경험한 한국 내에서의 어려움은 크게 언어와 인종차별 두 가지였다. 34명 응답자 중 26명이 총 51회(이하 26/51로 표기한다)에 걸쳐 생활 속에서 접하는 한국인들은 아랍어와 불어를 전혀 할 줄 모르고, 영어조차도 제대로 하는 사람을 만나기가 힘들다고 언급하였다. 인종차별은 5명이 6차례(5/6)만 언급한 것에 비하면, 언어로 인한 의사소통의 어려움이 심각함을 볼 수 있다.

> 솔직하게 언어 문제 외에는 전혀 문제가 없어요. … 관공서 직원은 우리가 한국말 하기만을 기대해요. 정부는 영어를 할 줄 아는 더 많은 사람을 고용해야 해요(인터뷰 01).

> 그러나 지금 내 딸은 과목들을 이해할 수 없다고 말해요. 학급 친구들과 교실에 앉아 있을 때면 딸은 항상 바보로 취급당하고요. 이집트에서는 엄청나게 똑똑한 아이였는데도 말이에요(인터뷰 30).

> 우리가 아프면 병원에 가는데, 언어 문제에 직면하기 때문에 바른 처방을 받기 위해 우리의 증상과 느낌을 설명할 수가 없습니다(인터뷰 22).

> 한국 사람들은 한국말만 한다. 영어를 할 줄 아는 사람은 소수다. 한국에서 아랍어를 말하는 사람을 찾기란 아주 힘들다. 2010년에 한국에 처음 왔을 때는 아랍어를 할 줄 아는 사람을 못 만났다. 그러나 지금은 많진 않지만 몇몇 사람들이 있다(인터뷰 05).

언어는 문화를 이루는 매우 중요한 요소이다. 언어로 소통이 이루어지지 않는다는 것은 그만큼 MENA 출신 무슬림들의 문화를 이해하지 못한다는 뜻이다. 그러나 아랍어를 할 줄 아는 몇몇 사람을 만났다는 말은 지난 10여 년 동안 아랍어를 배운 사람이 아랍 이주자와 난민 사역을 위해 힘쓰기 시작했다는 증거이기도 하다. 인터뷰 내용을 좀 더 들어 보자.

> 오직 젊은이들만이 영어를 할 줄 알아요. 이것은 아랍인들뿐만 아니라 모든 외국인에게 큰 장애물이에요. 우즈베키스탄 혹은 아프리카인, 어느 누구라도 한국어를 하지 못하면 어려움이 생겨요(인터뷰 21).

> 한국에서 경험한 가장 큰 어려움은 다른 사람들과 이야기할 때의 의사소통이다. 왜냐하면 영어 하는 사람을 찾기가 어렵기 때문이다. 택시 탈 때, 쇼핑할 때, 밖에 나가서 음식을 먹거나 이야기할 때 사람들은 영어를 하지 않는다. 오로지 한국말만 하고 영어 하는 사람 찾기가 너무 어렵다. 이것이 내게는 가장 큰 어려움이다(인터뷰 12).

> 대부분의 한국 사람들은 영어가 유창하지 못한데, 나는 항상 구글 번역기를 사용하기 때문에 어려움이 없어요. 알함둘릴라!(인터뷰 26).

한편, 영어를 쓰는 사람들은 모든 곳에서는 아니지만 만날 수 있는 곳이 있으나, 북아프리카 불어권에서 온 응답자는 불어를 할 줄 아는 사람은 만날 수 없다고 푸념하였다. 그리고 지하철을 타는 데에는 어려움이 없지만, 버스의 노선지도는 한국말로만 되어 있어서 힘이 드니, 버스 서비스 개선이 필요하다고 했다. 응답자의 말대로 구글 번역기를 잘 사용하면 MENA 출신 무슬림들과 기본적인 의사소통이 가능하니 이것을 잘 활용해야 할 것이다.

## 극복 방법

커뮤니케이션과 관련하여 어려움을 겪었을 때 해결할 수 있었던 것은 한국인 도우미들 때문이었다고 12명이 14차례(12/14)에 걸쳐서 언급하였다. 문제를 스스로 해결해 나가거나(5/6) 외국 친구들의 도움을 받아 해결하기도 하고(6/6), 영어나 제스처를 사용해서 의사소통하고(3/3), 인터넷 검색을 통해 정보를 얻고(3/3), 한국어를 열심히 배워 문제들을 해결한다(3/3)고 응답했다.

> 한국에 온 지 9개월이 되었어요. 한국인은 아주 친절하고, 나의 언어를 모르면서도 돕기를 원해요. … 어려움이 정말 없어요. 왜냐하면 한국인은 외국인을 좋아하고 도와줘요. 지금 사는 곳의 이웃 아주머니는 마치 나를 자기 아들처럼 대해 줘요. 매일 내가 필요한 것이 무엇인지, 도와줄 문제가 있는지 물어봐요(인터뷰 02).

## 일상생활

일상생활과 관련하여 한국 내에서 겪고 있는 어려움은 크게 세 가지로 요약될 수 있다. 첫 번째는 할랄 음식의 부재, 혹은 구하기가 힘들다는 점이었다. 18명이 27차례에 걸쳐서 언급했으니, 인터뷰 응답자의 절반 이상이 고충을 겪고 있는 셈이다.

> 한국에서 무슬림이 직면하는 어려움은 할랄 식품이다. 할랄식품이 모든 곳에 있지 않다. 오직 이태원 지역에서만 찾을 수 있고, 그 외 지역에서는 구하기가 너무 힘들다(인터뷰 04, 06, 07, 28).

> 음식과 관련하여 조그만 어려움이 있다면 이곳 한국 사람들은 돼지고기를 먹는다는 점이에요. 우리 종교에서는 안 먹거든요(인터뷰 17).

목을 딴 모든 동물들의 고기는 다 먹을 수 있어요. 그러나 여기에서
는 도축 시 전기충격을 사용합니다. 그것은 우리에게 해로워요. 우
리는 이슬람법에 따라 도축한 것만 먹거든요(인터뷰 21).

대신에 우리는 생선과 야채는 아무 거리낌 없이 먹어요. 한국에서의
가장 큰 문제는 음식이에요. … 그리고 우리 아랍 사람들에게 한 가
지 큰 어려움은 한국 사람들이 술을 너무 많이 마신다는 사실이에
요. 술 없이는 한국 사람들과 가깝고 좋은 친구 관계를 만들 수가
없어요(인터뷰 09).

나는 모든 한국 음식을 잘 먹고 문제가 없지만, 튀니지나 이집트에
서 온 사람들은 한국 음식 먹기가 너무 힘들다고 한다(인터뷰 14).

이와 같이 무슬림일 경우 할랄 식품이 아니면 그 어떤 육류도 섭취하지
않는 응답자들이 대부분이었다. 일반식당에서는 그야말로 야채로 된 메뉴
로만 식사하는 무슬림들이 많았다. 고기를 먹지 않고 채식만 한다는 사람
도 있었다. 그러나 할랄 음식을 파는 곳이 많아졌다는 인터뷰 응답도 많았
다.

음식에 관하여는 우리는 주초에 이태원 할랄 식품점에 가서 필요한
것을 사요. 그러나 대개 해산물과 같은 한국식 할랄 식품을 먹지요
(인터뷰 07).

좋은 품질의 할랄 식품을 수입하는 시장들과 터키와 아랍 등 아시
아 음식을 파는 좋은 국제적 식당들이 많이 있어요. 그래서 더 이상
음식 문제는 없어요. 때로는 집에서 요리도 하고요(인터뷰 09, 29).

할랄 식당이 많이 있지요. 특히 한국의 주요시장인 이마트와 홈플러
스에 할랄 식품이 있어요. 그리고 CU 나 세븐 일레븐 등의 편의점

에도 할랄 식품이 있고요. 그래서 이러한 음식 문제를 해결해 주고 있지요(인터뷰 15).

기독교인의 경우에는 다음과 같이 응답한 경우도 있었다.

나는 기독교인이라서 모든 걸 먹을 수 있어요. 돼지고기도 먹고 한 국 음식도 잘 먹어요. 내게 할랄 식품은 아무 문제가 안돼요(인터뷰 03).

이 모든 답변들은 무슬림을 위해 할랄 식품을 공급하도록 하는 것이 그 렇게도 어려운 일이거나 허락해서는 안 되는 일일까를 생각하게 만들었 다.

두 번째는 일터에서의 힘든 업무를 꼽았다. 16명이 30차례에 걸쳐 근 무 시간이 길고, 휴식 시간은 짧으며, 주로 3D 업종과 관련한 아르바이트 현장에서 일하다 보니 너무 생활이 힘들다고 말하였다. 사실 자국과 비교 하여 볼 때 우리나라에서의 근무 환경과 업무 자세에 이들이 적응하기란 결코 쉬운 일이 아님은 분명하다.

또 다른 어려움은 한국에서 일하는 거지요. 일하고 먹고 자고, 자고 먹고 일하고, 일하고 먹고 자고, 자고 먹고 일하고. 거기에 삶이란 게 없어요. 유럽이나 우리나라에서의 삶 같지 않고. 일하는 시간이 너무 길다는 거예요. 우리는 그렇게 오랜 시간 일하는 것에 익숙지 않아요. 우리는 하루에 다섯 번 기도해야 하는데 일터에서는 기도할 시간이 없어요(인터뷰 04).

우리나라나 유럽, 다른 나라에서는 대개 하루에 8시간 일해요. 그러 나 여기에선 18시간도 일하고, 보통 12-14시간을 일해요(인터뷰 21).

그리고 북아프리카 출신으로 한국에서 유학을 마친 후 일을 하고 있는 응답자와 난민으로 와 있는 응답자는 '일'이란 가족이나 친구들과 분리된 삶의 일부분이며, 책임감에서 하는 것이 아니라 돈을 버는 방법일 뿐이라고 응답했는데, 우리의 노동 개념과는 차이가 있었다.

> 일반적으로 한국인과 아랍인의 차이점이라고 하면, 한국인의 삶은 일이고, 늘 '빨리빨리'라고 말하면서 열심히 일하는 거예요. 그러나 우리 아랍 사람들에게는 일은 가족과 친구들과 분리된 우리 삶의 일부분일 뿐이에요(인터뷰 06).

> 대부분의 우리나라 노동자들은 일이나 일하는 시간을 존중하지 않아요. 노력 없이 그저 월급을 기다리죠. … 일이란 책임감보다는 돈을 버는 하나의 방법일 뿐이에요. … 그들은 정말로 월말에 월급 받는 것 외에는 신경 쓰지 않아요(인터뷰 09).

세 번째로 꼽은 어려움은 추운 날씨였다. 9명이 12차례에 걸쳐 한국의 겨울은 너무 추워서 견디기가 힘들다고 했다. 중동과 북아프리카의 나라들은 영하로 내려가는 살을 에는 듯한 추위가 없으니 당연한 것이라 생각된다.

> 이라크 친구와 이집트 사람들을 만났는데, 그들 모두가 말하기를 여기 한국 날씨가 너무 춥다고 하더라고요(인터뷰 18).

> 날씨가 추운 것은 일할 때 부닥치는 또 하나의 장애물입니다. 아프리카 날씨하고 매우 다릅니다. … 우리 날씨하고는 정반대입니다. 이곳에선 여름 동안에 비가 오지만, 고향에 돌아가면 여름에 비가 안 옵니다. 그게 진짜 여름입니다. 우리 겨울엔 비가 옵니다. 그런데 여

기는 눈이 오고 굉장히 춥습니다. 우리는 겨울에 영하로 내려가지 않는데, 여기는 영하 10-13 도까지 내려갑니다(인터뷰 21).

### 극복 방법

힘든 업무와 날씨는 특별히 해결할 방법이 없어 견뎌야 한다고 응답했다. 영하의 날씨에 인터뷰를 하는데도 손발이 다 트고 맨발에 슬리퍼를 신고 있는 형제도 있었다. 한국 음식은 아랍 음식과는 상당히 달라 먹기 힘들다고 7 명이 13 차례에 걸쳐서 언급하였다. 할랄 음식에 관련해서는 4 명이 할랄 음식을 열심히 찾아서 먹는다고 응답하였다. 재정과 시간이 허락되고 마음만 먹으면 이제 할랄 식품은 어느 정도 해결할 수 있는 환경이 갖추어지고 있음을 알 수 있다.

이 밖에 버스의 긴 배차 간격과 비싼 생활비, 외국인이라는 느낌을 받을 때가 있다며 일상생활에서의 어려움을 호소했다. 어떤 회사나 기관들은 계약을 존중하지 않기 때문에 이것이 가끔 문제를 일으킨다고 불평한 이도 있었다.

### 종교

종교와 관련하여 어려움을 느낀다고 고백한 이가 거의 없다는 사실은 필자의 예상을 깼다. 7 명의 인터뷰 응답자들은 아예 인종차별이나 종교적인 측면과 관련하여서는 전혀 어려움이 없으며, 무슬림에 대한 혐오 때문에 어려움을 겪는 것도 없다고 하였다. 인터뷰 응답자 중 3 명만이 모스크가 부족하여 기도하러 가는 데에 불편을 겪는다고 했을 뿐이다.

무슬림으로서 우리가 모일 수 있는 이슬람 센터와 같은 장소를 찾는 것이 어렵다. 한국에는 모스크 수가 적고, 장소도 협소하다(인터뷰 06).

우리나라에 살면서도 여전히 무슬림으로 남아 있는 이유에 대해서는 어릴 때부터 세뇌를 받아 마음에 새겨진 이슬람 교리 때문이라고 전원이 응답하였다. 이슬람교야말로 좋고 참된 마지막 종교(7/12)이며, 이슬람에 대한 흥미와 확신이 있기(3/5) 때문에 무슬림으로 남아 있기도 하지만, 태어날 때부터 무슬림이었고(3/3), 그래서 바꿀 수가 없어(4/6) 무슬림으로 남아 있다고 응답했다. 모든 종교를 존중하기(3/11) 때문이라고 강조한 응답자도 있었다. 이 응답을 요약하면, 이슬람교야말로 참된 종교요 확신이 있기 때문에 무슬림으로 남아 있다고 응답한 사람이 10명이었고, 태어날 때부터 무슬림이어서 바꿀 수 없고, 모든 종교를 존중하기에 그냥 무슬림으로 남아 있다고 응답한 사람도 10명인 셈이다. 그리고 무슬림과 BMB 들은 사람들이 무슬림으로 남아 있는 좀 더 구체적인 이유들로 이슬람의 영향 외에도 다음과 같은 이유들을 꼽았다.

- 두려움
- 움마(공동체)의 방해
- 자유의 부족
- 기독교인의 비윤리적 삶
- 기도의 부족
- 전도자가 부족함
- 과거의 세계 역사
- 핍박을 핑계로 삼음

### 극복 방법

종교적으로 어려움을 겪는 내용은 근무 중에 기도하러 갈 수 없는 것을 제외하고는 따로 없다는 대답이었다. 이 경우에 사업주가 타 근무자들과의 형평성을 깨뜨리지 않으면서 그들에게 기도시간과 기도처를 제공하는 것 외에는 해결방법이 보이지 않는다. 그러나 기독교인들에게 주어지는 책임이 부각되었다. 윤리적으로 바르게 살며, 무슬림을 위해 기도하며, 무슬림에게 전도하는 사람을 양성하는 것이다.

## 비자

비자 문제는 인권의 문제라며 인간으로서 대접해 달라고 요청하고 있다. 자신은 인터넷도 사용할 줄 아는 교육받은 자인데, 왜 비자도 안 주며 무시하느냐고 불평을 토로하는 이도 있었다. 비자와 관련하여 두 가지 어려움을 호소하였다. 첫 번째는 취업이 허락되는 비자를 안 주니, 한국어를 할 줄 알아도 직업을 가지기가 너무 힘들다는 것이다. 거주 비자 신청을 해도 G1-5 비자 외에는 주지 않아 연장되지 않으면 합법적으로 자유롭게 살 수가 없다. 한국문화에 익숙해질 준비가 되었는데도 시민권을 주지 않는다고 12명이 26차례에 걸쳐서 다음과 같이 언급하였다.

거주 문제, 여기서 거주 허가는 매우 매우 어렵습니다. 한국에서 거주 비자를 얻는다는 것은 어렵고 어렵고 어렵습니다. 왜 그런지 모르겠습니다(인터뷰 06, 10, 13, 19, 22, 26).

나는 한국에 정착하길 원해요. 그러나 한국은 내가 여기서 머물며 살기를 허락하지 않아요. 그들은 서류를 되돌려주며 내가 내 나라로 돌아가길 원해요. 그렇게 되면 저는 불법체류자가 되는데, 이걸 원치 않아요. 합법적으로 살기를 원해요(인터뷰 17).

G1 비자로는 어디에서도 일할 수 없습니다. 일하는 것을 허락하지 않기 때문입니다. 한국에서의 유일한 문제는 G1 비자가 너무 고정되어서 개선되지 않는다는 겁니다. 무슨 뜻이냐 하면, 한국에 온 지 8년이 되어 충분히 한국 시민권을 받을 수 있다고 여겨지는데, 안 되기 때문입니다(인터뷰 24, 28).

만약에 내가 한국 시민권을 얻을 기회가 있다면 나는 한국 시민이 될 것입니다. 나는 내 국적을 버릴 준비가 되어 있고, 이 나라의 문화에 익숙해질 준비가 되어 있습니다. 나는 여느 한국인과 같은 한국인이 될 준비가 되어 있습니다. 나는 내 안전을 바꿔서라도 무엇을 희생해서라도 마음 깊이 이 나라가 더 잘 되도록 일할 준비가 되어 있습니다(인터뷰 24).

나는 G1 비자를 가지고 있다. 3개월마다 연장을 해야 한다. 이것은 내 의지를 벗어나는 일이다. 이것은 법에 관한 것이다(인터뷰 26).

두 번째는 난민임에도 불구하고 난민 인정을 받기가 너무 어려워 삶에 곤란을 느끼는 때가 너무 많다고 응답하였다. 기독교인은 주로 난민 인정 신청을 하게 되는데, 수단과 이집트에서 온 응답자의 이야기를 들어 보자.

나는 기독교인인데 만약 한국 정부가 나의 비자를 거부하면 그들은 나를 돌려보내야 할 것이다. 그러나 나는 내 나라로 돌아갈 수가 없다. 왜냐하면 일단 내 나라로 돌아가게 되면 내겐 어떤 선택의 여지도 없기 때문이다(인터뷰 02).

나는 시위하면서 찍은 사진, 지금 감옥에 있는 사람들과 찍은 사진, 감옥에서 죽은 사람들과 찍은 사진들을 가지고 있습니다. 나는 6개월간 투옥됐다가 풀려났습니다. 나는 이것저것 다 가지고 있습니다. 그러나 거주 비자를 얻지 못했습니다. 나는 먹는 것도 마시는 것도 재정적인 도움도 원치 않습니다. 그저 거주 비자를 받기 원합니다. 일하기 위해서, 자유롭게 다니기 위해서, 이 세상의 여느 자유로운 사람들처럼 자연적인 삶을 살기 위해서 이곳의 거주자가 되길 원할 뿐입니다(인터뷰 10).

우리나라의 난민 인정률이 워낙 낮은 이유 때문에 이런 어려움을 겪고 있음을 난민인권센터 홈페이지(https://nancen.org)를 통해서 확인할 수 있다.

### 극복방법

비자 획득에 관한 어려움은 누군가에게 도움을 받아서 해결하는 경우가 드물었다. 비싼 수임료를 지불하면서 변호사 선임하는 것을 마다하지 않으나, 결과는 대부분 비관적이다. 비자 문제는 가장 해결이 어려운 분야임이 확실하다. 정해진 비자만료 일자를 잘 기억하고, 거주지를 명확히 해서 법무부에서 보내오는 우편물을 잘 수령하는 것도 한 가지 방법이지만, 잘 지키지 못하고 있어 안타깝다.

# 5

## 국내에서 무슬림으로 살아가기

# 국내에서 무슬림으로 살아가기

앞장에서는 국내에 살고 있는 무슬림들의 삶의 현장을 살펴보았다. 특히 우리나라에서 사는 동안 일반적으로 어떤 분야에서 힘들었는가를 살펴보았다면, 이 장에서는 국내에서 무슬림으로 살아간다는 것이 무엇을 의미하며, 기독교인들은 어떻게 이들을 대해야 하는가를 살펴보도록 한다. 또한 무슬림 배경에서 회심한 기독교인(BMB)이 국내에서 어떻게 살아가고 있는가를 필자의 논문에서 인용하여 설명하도록 한다.

## 무슬림의 삶

25명의 무슬림 응답자들 가운데 절반가량(11/11)이 우리나라에서 자신들의 신앙을 실천하는 데 어려움이 없다고 응답하였다. 과중한 업무와 모스크의 부족으로 신앙생활을 실천하는 데 어려움이 있다고 응답한 이는 6명이었다. 태어나면서부터 무슬림인 자신들은 평화와 안전을 추구하며(5/5), 대다수의 무슬림이 그러하듯이 모든 종교는 똑같으며(3/4), 예수님과 기독교를 믿는다고 응답하였다(3/4). 오행(五行, five pillars)의 실천 여부를 물었을 때 내용에 따라 언급한 사람과 언급 횟수는 다음과 같았다.

1. 신앙고백: 매일 하는 고백이다(3/5).

2. 기도: 기도하기가 어려운 환경이며(6/7), 하려고 노력하는 편이다(3/3), 매일 기도하며(4/5), 편한 시간에만 한다(3/3).

3. 금식: 반드시 해야 하는 일이지만(5/6), 어렵고 할 수가 없다(6/6).

4. 구제: 능력에 따라 하는 것이다(4/4).

5. 성지순례: 가능한 사람만 하는 것이다(6/7).

무슬림 피면담자의 4분의 1 정도가 국내에서는 기도하기 어려운 환경이며, 금식도 어려워할 수가 없고, 구제도 능력에 따라 행하는 것이며, 성지순례도 가능한 사람만 하는 것이란 응답을 보면서, 오행은 국내에서 그렇게 강력하게 지켜지는 것이 아님을 알 수 있었다.

## 무슬림의 기독교에 대한 견해

자신이 만난 기독교인들은 전도하는 사람들(5/5)이며, 선한 일을 한다고 하였다(4/6). 그리고 교회에 대한 나쁜 소문은 듣지 못했으며(9/9), 선한 일을 함으로써 타인에게 도움을 주고 사람들을 동등하게 대하는 공동체(3/3)라 하였다. 특히 신학에 있어서는 예수는 선지자에 불과하다고 응답한 경우가 13번이나 있었으며(8/13), 당연한 결과이겠지만 아래와 같이 복음에 대한 잘못된 이해들이 많았다.

성경 어느 구절에도 예수 그리스도 자신이 하나님의 아들이라고 한 적이 없으며 자신을 경배하라 한 적도 없다. 그가 죽은 지 500년이 지난 후에 사도들이 말한 것뿐이다(인터뷰 23).

예수가 하나님의 아들이라 함은 하나님이 마리아와 결혼했다는 말인가? 그렇다면 기독교인들이 하나님의 자녀라 말함도 육체적인 방법

을 통해서 된 것이라는 뜻이다. 예수는 십자가에 달려 죽지도 않으
셨는데, 그들이 그렇게 생각하는 것뿐이다. 그는 언제는 죽었다고
말하면서 어떤 때는 죽지 않았다고 말하기도 한다(인터뷰 26).

성경은 오래전부터 지금까지 변질되어 왔지요, 무함마드에게 주어진
꾸란과 같지 않아요. 하나님께서 너희 가운데 네 형제 중에서 너를
위하여 나와 같은 선지자 하나를 일으키실(신 18:5) 거라고 했는데
그가 바로 무함마드예요. 예수님도 자신의 뒤를 이어 오실 최후의
마지막 선지자가 무함마드라고 약속했지요(인터뷰 28).

교회는 어느 곳에든 있어서 누구든지 도와주며, 많은 선한 일을 하며,
평등하게 사람을 대하는 평화로운 곳이라고 하였다. 두 명은 교회 모임에
참석한 적이 있다고도 했다. 이를 통해 발견한 것은 국내에 있는 무슬림들
은 무조건 교회를 싫어하고 비판하고 있는 것이 아니라 교회에 대해 긍정
적인 생각을 많이 하고 있다는 점이다. 교회는 예수를 믿는 공동체라 여기
며, 기독교인들의 전도를 인간애(人間愛)의 최고라 여겼다. 반면 무슬림들
도 예수를 믿는다고 응답하였다(3/3).

나는 많은 나라를 여행했는데, 우리나라나 다른 나라에서 보지 못한
새로운 것이 있는데, 여기서는 한국 전역에서는 전도가 널리 행해진
다는 거예요. 일요일이나 토요일에 많아요. 혹은 공휴일에 한국 어
디에서든지 선교사들을 만날 수가 있어요. 그리스도에 대해서 읽어
보라 하고, 기독교 가르침을 배우기 위해 교회에 들어가자고 하지요.
좋고 중대한 일이에요. 아주 좋고 중대한! 믿는 자가 되라는 것, 사
랑으로 선전하는 것, 전도 그 자체는 아주 좋은 거예요. 온 세상에
서 가장 좋은 인간애라 부르고 싶어요. 기독교도, 이슬람도 아닌 인
간애가 최고예요(인터뷰 30).

좀 전에 말했듯이 무슬림들은 예수 그리스도를 믿지 않고선 무슬림

이 될 수가 없습니다. 만약 당신이 예수 그리스도를 믿지 않는다면, 그렇다면 당신은 무슬림이 아닙니다. 이것이 우리가 알고 있는 바입니다(인터뷰 26).

## 기독교인(BMB+CBB[1])의 교회에 대한 이해

BMB 9명 중 7명이 교회에서의 정기적인 예배에 출석하여 신앙생활의 유익을 누리고 있었다. 이들 중 절반가량은 말씀듣기와 성경공부를 신앙 성장의 방편으로 삼았다(3/6). 함께 예배드리는 아랍인들의 숫자가 적지만 (5/5) 작은 규모의 교회가 좋다고 생각하였다(4/4).

그러나 한국에서는 조그마한 집도 교회가 될 수 있다. 오직 방 하나로도 교회가 구성될 수 있다. 이것이 다른 점이다. 교회의 형태가 중요한 것이 아니다. 내가 중동에 있는 어떤 교회에 갔을 때 그런 교회가 진짜 교회인 줄 알았다. 왜냐하면 거기에 들어갔을 때 거대한 십자가를 보고 수많은 사람을 보았기 때문이다. 교회의 참 의미에 더 가까운 교회라고 느꼈다. 그러나 한국에서는 어떤 빌딩의 2층에 있는 방 하나도 교회가 되어 그곳에서 기도를 드린다. 그래서 난 교회 안에 있다고 느끼지 못했다. 그냥 사람들과 함께 있고 함께 기도한다는 것만 느꼈을 뿐이다. 그러나 하나님은 우리에게 이것은 별문제가 안 된다고 말씀하신다. 난 지금 내 자신의 느낌을 말한 것뿐이다. 이것이 좋고 저것은 나쁘다는 의미가 아니다. 그저 교회의 다른 형태일 뿐이다. 교회 건물은 정말로 중요하지 않다. 왜냐하면 기도하기 위해서 거기 모이고 하나님께 가까이 나아가고자 모이기 때문이다. 하나님은 말씀하셨다. 두세 사람이 모인 그곳에 내가 있겠다고…. 정확하게 이것이 하나님이 말씀하신 바다(인터뷰 03).

그리고 삼위일체 신앙을 가진 것과 전도에 열심인 교회가 바람직하다고 응답했다(3/4).

> 나는 내 안에 영과 몸을 가지고 있고, 그 안에 생명이 있어요. 세 개가 동시에 하나 안에 있는 거예요. 이 세상엔 하나의 상태보다도 더 많은 걸 가진 물질들이 아주 많아요. 이것은 하나의 예일 뿐이지 진리가 아니에요. 진리는 믿음을 통해 그리스도를 믿는 것이며, 성령 그 자체예요(인터뷰 26).

BMB 사역자 한 사람은 다음과 같이 삼위일체의 중요성을 강조하였다.

> 삼위일체가 이슬람과 가장 다른 점입니다. 삼위일체론은 교회가 정하고 해석한 것이 아니라 성경에 기초하였음을 변증해야 합니다. 예수님이 하나님의 아들이심과 삼위일체와 성육신에 대해서 대답할 수 있어야 하며, 하나님과의 영적인 관계가 잘 이루어져 있어야 합니다(인터뷰 33).

한편, 교회에 관한 부정적인 소식을 들은 이는 3명에 불과했으나, 교회가 많다는 생각을 피력한 응답자도 3명이었다. 영적 성장을 위해 가장 애쓰는 부분은 성경 읽기(12/29)였고, 기도하며(4/9) 예수님 말씀대로 실천하며 사는 것(4/5)이 그다음을 차지하였다. 선교사가 되고 싶다는 응답자도 있었다. 한국교회는 이들을 잘 양육하여 동족들을 위한 선교사로 파송하겠다는 비전을 품어야 한다.

> 여하튼 나는 가장 높은 단계, 믿음의 가장 높은 단계에 살고 있습니다. 하늘에 있는 주님의 나라와 땅에 있는 주님의 나라 사이에 있는 통합적인 믿음입니다. 나는 주 하나님의 자녀들 중 한 명입니다. 내가 더욱더 원하는 것은 난 정말로 선교사가 되고 싶습니다. 난 진리

의 말씀을 전할 수 있습니다. 왜냐하면 확신이 있기 때문입니다. 내
가 읽은 것에 대한 확신이 있고, 믿음과 하나님에 대해 확신이 있습
니다. 나는 할 수 있고, 할 수 있고, 할 수 있습니다(인터뷰 26).

## BMB 의 이슬람에 대한 견해와 회심의 이유

### 이슬람에 대한 견해

기독교인들은 이슬람이 거짓 종교이며(3/4), 사랑이 없는 종교요(3/4),
평화의 종교가 아니며(3/4), 잔인하고 불안정한 종교(3/3)라고 강력하게 이
슬람을 비판하였다. 그리고 다섯 가지 실천할 기둥들은 의미가 없는 것들
(3/3)이라고 했다.

> 꾸란은 거짓말하고 있고, 무함마드도 거짓말하고 있으며, 이슬람은
> 거짓말을 하고 있습니다. 당신은 이런 거짓말을 어떻게 믿을 수 있
> 겠습니까?(인터뷰 01, 26)

> 그러나 꾸란 안에는 사랑이 없답니다(인터뷰 24).

> 이혼한 여성들은 사회에서 사랑받지 못해요. … 왜냐하면 문화는 전
> 통과 관습의 짝인데, 이집트에서의 전통들은 사랑의 의미를 가지고
> 있지 않기 때문이에요. 그러나 나는 하나님은 정말로 사랑이시라는
> 걸 발견했어요(인터뷰 18).

> 나는 아랍어를 잘하며 꾸란을 읽어서 그 안에 적힌 내용을 잘 압니
> 다. 무슬림들은 이슬람이 평화의 종교라고 말하지만, 나는 그들에게
> 그렇지 않다고 말해 줍니다(인터뷰 08).

> 이슬람은 전쟁에 대해서, 반역에 대해서, 살인에 대해서, 사랑하지

않음에 대해서 말하고 있어요. 엄청난 차이가 있는 거지요. … 현존
하는 폭력은 무슬림 사회 안에 존재하는 이슬람 이데올로기의 결과
예요. 이슬람은 실제로 세상의 적이에요. 왜냐하면 모든 것은… 사랑
을 통하여, 평화를 통하여, 희생을 통하여, 자비와 용서를 통하여 이
루어지는 거예요. 그러나 이슬람에는 내가 말한 모든 것과 정확히
반대만 있어요. 물질적인 종교 앞에 놓여 있는 거죠. 오직 형벌과
육적인 상급 위에 지어진 종교, 실제로 전쟁과 반역과 의무와 살인
과 침략과 폭력과 부패 위에 지어진 종교죠. 정치적인 권세의 연대
로부터 출발하는 종교고요(인터뷰 26, 27).

난 수단에 있었을 때조차도 금식하거나 기도하지 않았어요. 왜냐하
면 우리가 왜 이것저것을 해야만 하는가에 대한 의구심을 불러일으
키는 많은 것들이 있었거든요. 난 이런 것들이 무의미하고, 하나님
자신과 아무런 관계가 없다는 것을 느꼈어요(인터뷰 08).

## 회심의 이유

1) 기독교인들을 만난 것이 회심의 계기가 되었다고 고백하는 응답자들
이 가장 많았다. MENA 출신 기독교인(6/11)과 한국 기독교인(4/6)과
외국 기독교인(3/4)과의 만남을 통해, 특히 나를 사랑하고 돕는 이들
(5/7)을 통해 예수님을 믿게 되었다고 응답했다.
2) 기독교인들을 통해 복음을 전해 듣게 되었고(4/4), 이들 중 세 명은
그들이 소개해 준 찬양을 듣고서(3/4) 회심하게 되었다고 했다.

기독교인이 된 방법은 정말로 이상했어요. 노래 하나 때문이었거든
요. 한 친구가 노래 하나를 카톡으로 링크해서 보내줬어요. 그 영어
노래 제목은 'What a beautiful name'이었는데, 그 노래를 들었을 때
그것이 정말로 내 마음을 만졌어요. 그래서 확신이 생길 때까지 더
욱더 찾고 찾기 시작했지요(인터뷰 02).

처음에 저는 종교 음악을 즐겨듣곤 했거든요. 이 노래들을 부를 때
마다 나는 맘이 편해짐을 느꼈어요(인터뷰 18).

3) 기독교인과의 만남을 통해서 기독교에 관한 인식이 전환되어 회심할
   수 있었다. 즉, 기독교는 사랑과 평화와 위안과 용서의 종교(7/19)이
   며, 진리와 참된 확신을 주는 종교(7/11)임을 알게 되었다고 했다. 논
   쟁과 사고를 통해서(3/4) 구원의 종교(3/5)임을 알게 되었다고도 했
   다. 무엇보다도 BMB 전원은 회심 이후에는 핍박이 따를 것임을 알
   고 있었다(7/9)고 했다.
4) 2명이 성경공부를 하던 중에 회심을 하는 것을 경험했다고 응답했으
   나, 나머지 2명은 성령의 역사였음을 강조하였다.
5) 이외에도 꿈을 통해, 기도로 치유를 경험하고서 회심한 이들도 있었
   고, 스스로 성경을 공부하고서, 예수의 성품을 발견하고서 회심한 이
   들도 있었다고 했다. 그러나 응답자 중 3명은 회심 이전에 특별한
   사건이 없었다고 했다.

## 회심은 세계관의 변화

위에서 소개한 것처럼 한국은 종교의 자유가 있는 나라이므로 한국에서
회심할 때는 본국에서보다 어려움이 없다. 그러나 주변의 아랍 친구들 때
문에 회심이 어려운 점도 사실이다. BMB 조차도 자신의 신앙을 다른 무
슬림에게 말하는 것을 염려한다. 그러나 믿음이 큰 자들은 자신이 기독교
인이라 말하는 것을 신경 쓰지 않는 법이라고 응답한 이도 있었다.

무슬림이 예수를 믿는다는 뜻은 기독교의 관점과 다르다. 한 BMB 는 3
년 동안이나 같은 사무실에서 지내던 기독교인이 "넌 왜 개종하지 않느
냐?"고 한 번도 물어오지 않았기 때문에 마음을 열게 됐으며, 자신을 위해
기도하며 사랑하는 것을 알고 결심하게 됐다고 말했다. 무슬림은 처음에

는 무신론자로, 무신론자에서 기독교인으로 변하는 패턴이 있다. 그러므로 진리를 제대로 설명해 줄 때 바른 회심이 이루어진다. 그리고 앞에서 언급한 것처럼 좋은 찬양 하나가 생명을 구하기도 한다. 믿음의 첫발을 디딘 BMB를 돕기 위해서는 다음과 같은 방법들을 염두에 두어야 함을 질적 조사를 통해 발견할 수 있었다.

- 지속적인 만남과 소통을 위해 그들의 언어와 문화를 습득하라.
- 두려움과 외로움, 핍박과 추방의 위험이 있는 자에게 어떻게 참 평안을 누리며 이웃과 화평할 수 있는가 가르치라.
- 성경과 설교로 가르치되. 어려운 삶의 문제도 해결하도록 도와주라.
- 좋은 친구들을 소개하되, 결혼한 믿음의 가정과 연결해 주라.
- 기독교와 기독교인은 좋다는 걸 보여 주라.
- 신실하게 행하되, 돈과 성(性)을 밝히지 말라.
- 진심으로 환영하라.

필자는 기독교인이 된다는 것은 깊은 내면의 변화, 세계관의 변화까지도 의미하므로 무슬림들에게 개종이라는 단어보다는 회심을 사용하는 것이 제자 공동체로 진입하는 것을 잘 표현한다고 생각한다. 개종은 그 단어의 성격상, 공격적이고 전투적이며 밖으로 드러난 형태의 변화만을 떠오르게 한다. 예수님 역시 "가서 제자를 삼으라"고 명령하셨지, "가서 개종자를 만들어라"고 명하지 않으셨다. 회심은 선교의 목표가 아니라 제자가 되기 위한 과정이다. 복음은 삶을 변화시키는 것이다. 우리가 누군가에게 복음을 전한다는 것은 듣는 사람으로 하여금 이전과는 다른 삶의 길로 초대하는 것이라고 할 수 있다. 성경적 세계관과 유사한 세계관을 가진 사람들은 성경이 제시하는 복음을 더 쉽게 이해할 수 있으나, 그렇지 않은 경우에는 성경의 진리와 상충되는 내용으로 말미암아 복음을 이해하는 데에 많은 어려움이 있는 것이 사실이다. 폴 히버트는 삶의 변화란 그들의 세계관을 비롯하여 문화의 모든 차원이 변하는 근본적이고 총체적인 변형이라 지적하면서, 복음이야말로 물리적, 생물학적, 심리적, 사회적, 영적으로 그들을 변화시키고, 이 변화는 그들이 하나님을 따르기만 하면 하나님이 그들 가운데서 이루시는 변형이라고 했다.[2]

　비자를 얻기 위하여 개종하는 척하는 사람들이 있다. 그러나 회심은 정체성의 변화 없이, 세계관의 변화 없이 이루어질 수 없으므로, 이런 '척하는 사람'을 구별할 수가 있어야 한다. 데이비드 그린리(David Greenlee)는 "정체성 이론으로 비추어 본 회심"에서 집단적 정체성과 사회적 정체성, 핵심(개인적) 정체성이라는 세 단계의 정체성 변화를 언급하면서 종교적 회심이야말로 핵심 정체성의 변화라고 했다.[3] 히버트도 회심을 관계적인 용어로 정의할 때 한 신을 따르던 길에서 돌이켜서 다른 신을 따르는 것이라고 하면서 관계상의 변화를 두 단계로 나누었다. 첫째는 섬기던 옛 신을 버리고 등을 돌려 예수를 따르는 것이며, 둘째는 예수를 더 알아가고 섬기는 법을 배움으로써 그분께 더 가까이 나아가는 것이다.[4] 질적 조사를 통해 발견한 회심자들의 회심 이유를 살펴보면 이전에 믿던 신과의 관계상의 변화가 어떻게 나타나는지 알 수 있었다. 스캇 선퀴스트(Scott Sunquist)는 18년 동안 기록해 놓은 구원의 개인적인 간증들을 분석하면서 현대의 복음전도와 회심의 열 가지 특성을 나열하였다.[5]

- 회심자에게는 언제나 예수 그리스도에 대해 말할 의향이 있는 그리스도인과의 첫 번째 접촉이 있다.
- 회심자는 오직 한 명의 그리스도인과 관계되는 것이 아니라, 사람들의 네트워크로 연결된다.
- 공동체가 그 사람을 집회, 예배, 기도회, 또는 성경공부 모임에 초대하게 된다.
- 회심자와 접촉하는 사람 간에 아주 미미한 공통점만 있을 뿐이고, 심지어 같은 연령대도 아니고 공동의 흥미를 가진 사람이 아닐 수도 있다.

- 이 여정의 어느 시점에 미래의 회심자는 주로 그리스도인들의 안내를 받으며 성경을 읽기 시작한다.
- 그리스도인들과의 접촉과 말씀을 읽으면서 이론적이고 개인적인 질문들이 따라온다.
- 하나의 중대한 사건이나 인생의 변환기는 그 사람으로 하여금 믿음을 구하고 또 믿음으로 이끌도록 돕는 끝맺음이 되기도 한다.
- 처음 복음전도의 접촉으로부터 세례식까지 대부분은 6개월에서 3년 사이의 기간이 걸린다.
- 대부분 사람이 이 순례의 여정 가운데 이해의 의미심장한 순간이나 특별한 '깨어짐'의 순간을 기억한다.
- 간증의 결말에서는 언제나 삶과 삶의 방식에 완전히 새로운 변화가 일어난다.

선퀴스트는 회심은 제자로의 본래 부르심에 응답할 때 일어나는 단회적으로 거듭나는 사건이기도 하지만, 그 후 계속해서 무엇인가 새로운 것을 발견하는 많은 '돌아섬'이 있는데 이 각각의 돌아섬을 '회심들'이라고 불렀다.[6] 그의 말에 따르면, 우리는 이러한 수많은 회심을 겪으면서 그리스도의 제자로 자라간다고 할 수 있다. 즉, 이러한 지속적인 회심의 삶이 세계관의 변화를 점차 이루어가고, 제자로서의 모습을 갖추게 한다고 볼 수 있다. 복음을 듣고 구원을 받은 자의 표지를 외형적인 변화—교회 출석, 성경 읽고 기도하기, 봉사활동과 헌금 등—만으로는 판단할 수 없다. 무슬림이 오행육신을 멈추고 교회에 출석하며 성경 읽고 기도하며 세례를 받았다고 했을 때, 이를 개종이라고 부를 수 있을지는 몰라도 온전한 회심을 했다고 주장할 수는 없는 이유가 여기에 있다. 회심은 외형적인 변화만이 아니라 내면적인 변화를 포함하기 때문이다. 무슬림을 위한 선교는 이러한 회심들을 통해 예수 그리스도의 제자로 자라도록 꾸준히 돌보는 인내와 섬김이 필요하다.

그리스도께 회심하는 일은 이처럼 단지 행위나 믿음과만 연관되는 것이 아니다. 다시 말하건대, 세계관이라는 차원이 다루어지지 아니하면 참된 회심은 일어날 수 없다. 근본적으로 그의 가치와 세계관에 변화가 있어야만 한다. 히버트는 그리스도께로의 회심은 문화의 세 가지 차원—행위와 의식(ritual), 신념, 세계관—을 아우를 수 있어야 한다고 했다.7 그러면서 의식적 차원인 신념과 관습의 변화와 세계관의 변화는 쌍방적 관계로서 의식적 신념은 세계관을 개조하고, 세계관은 의식적 신념을 빚어낸다고 했다.8 필자는 이러한 과정을 2장에서 <그림 4>와 같은 도식으로 표현한 바 있다.

문화를 형성하는 데 가장 근간이 되는 세계관은 그렇게 쉽게 변하지 않는다. 그러므로 세계관의 변화는 단번에 이루어지는 것이 아니라 평생 동안 진행되어야 할 지속적인 과정이다. 그러나 이 말은 회심이 평생을 통해 이뤄진다는 뜻이 아니라, 회심을 통한 세계관의 변화가 그 개인이 살아가는 동안 평생 지속적으로 이루어져야 함을 강조한 말이다. 히버트도 칭의와 성화는 동일하게 회심의 일부라서 서로 분리될 수 없다는 입장을 밝혔다.9 그러므로 세계관의 지속적인 변화는 도리어 제자훈련을 계속 심도 있게 진행함으로써 기대할 수가 있다. 이태웅은 "선교와 회심"에서 회심은 하나님이 주도하셔서 일어나는 변화가 아니라 삶에서 지속적으로 이루어지는 과정(continuing process)이라고만 본 광의적 전도의 개념을 경계하였다.10

로잔세계복음화 위원회에서 발간한 윌로우뱅크 보고서(The Willow-bank Report)에서는 회심을 문화와 연관 지어 설명하였다. 회심은 분명히 회심 당사자들의 문화적 상황(사고방식과 행동양식, 그리고 사회 환경 등)에 영향을 미치지만, 회심자로 하여금 '탈문화화'하도록 해서는 안 된다.11 성경은 회심의 경험을 가진 사람을 가리켜 새로운 피조물(고후 5:17)이라고 한다. 제이콥 로웬(Jacob A. Loewen)은 이러한 변화를 다음과 같이 언급하였다.

> 일단 심각한 좌절감이나 불균형 또는 갈등이 발생하게 되면 사람들은 변화를 모색할 뿐 아니라 실제로 그로부터 벗어나기를 원하게 된다. 하나의 문화집단이 좌절감을 느끼는 부분이 바로 소위 말하는 '가려운 곳'으로서 복음을 받아들이는 통로가 될 수 있다. 따라서 사람들로 하여금 기꺼이 복음에 귀를 기울이게 해 주는 '가려운 부분'을 알아내기 위해서는 사람들이 근본적으로 원하는 바가 무엇인지 연구하고 기존의 체계가 그러한 필요를 어떻게 충족시켜 주었는지 밝혀내는 것이 대단히 중요하다.12

회심은 분명히 표면적 변화가 아니라 본질적인 변화를 가져온다. 회심은 전통적으로 하나님의 영으로 거듭나는 재창조이며, 죄에 얽매인 과거와 결별하는 죽음이요, 그 죽음의 결과인 부활을 경험하는 것이다. 그러나 "회심은 전통적 복음주의에서 가르치는 것보다 훨씬 더 점진적으로 이루어지는 경우가 많다. … 회심에는 우리가 의식하는 분기점이 포함되어 있지만, 이는 보통 느리게 진행되고 때로 노력이 뒤따른다."13 마이클 로렌스(Michael Lawrence)는 이런 회심에 관하여 그의 책 *Building Healthy Churches*에서 다음과 같이 요약하였다. 회심이란,

- 좋은 것이 아니라 새로운 것이다(New, Not nice).
- 나의 성실함으로 되는 것이 아니라 하나님의 구원하심(Saved, not Sincere)이다.
- 나의 결단력이 아니라 제자 됨이다(Disciples, not Decisions).
- 치유 받는 것이 아니라 거룩한 삶이다(Holy, not Healed).
- 계획된 것이 아니라 개별적으로 독특한 삶이다(Distinct, not Designed).

돈 리틀(Don Little)은 이러한 회심을 무슬림에게 서두르게 해서는 안되며, 회심 후에 세례를 주는 경우에도 함께 세례 받을 수 있는 새로운 신자들의 그룹이 생기기 전까지는 몇 달 혹은 몇 년이 더 걸리더라도 연기하는 것이 낫다고 했다. 그리고 세례를 줄 때는 먼 장소, 비밀스런 장소에서 조그만 지역교회 그룹들과 함께 행하는 것이 나으며, 이는 나중에 겪게 될 거절과 핍박을 견딜 수 있게 하기 위함이라고 강조했다.[14] 여섯 명의 수단(Sudan) BMB 를 인터뷰하여 그들의 회심과정을 분석한 라인홀드 스트랠러(Reinhold Straehler)는 모든 회심 과정이 다양하지만, 그 과정에서 빠짐없이 발견되는 것이 있다고 했다. 인식적 차원(Cognitive dimension)과 정서적 차원(affective dimension)의 변화라는 두 축이 그것인데, 이 두 변화는 꼭 동시에 혹은 같은 속도로 일어나지는 않는다고 하였다.[15] 그리고 이 변화를 인식적인 차원에서는 기독교 신앙의 내용에 대한 지식(죄와 회개, 구원, 하나님의 말씀 이해, 제자로서의 성숙 등)으로, 정서적 차원에서는 태도의 변화(예수와 기독교와 기독교인에 대한 적대적인 태도가 사라짐, 새신자로서의 기쁨을 누림 등)로 설명하였다.[16] 그린리도 예수 그리스도를 믿게 된 무슬림들의 정체성은 단순히 일차원적으로만 변화한 것이 아니라고 하였다.[17]

## 개종자와 임시적인(tentative) 신자

MENA 지역에서 한 무슬림이 기독교로 개종한다는 것은 대개 가족과 공동체로부터의 추방을 의미한다. 베들레헴 성경대학의 학장이었던 데이비드 티터(David Teeter)는 무슬림 개종자를 그가 속한 가정과 공동체에서 빼 오지 않기 위해 '예수를 따르는 무슬림'(Muslim followers of Jesus)이라는 모델을 베들레헴에서 시험했다. 그에 의하면, 무슬림이 그리스도께 온

다는 것은 기독교로 개종함을 의미하지 않는다. "그들은 무슬림 공동체 안
에서 그의 가족과 남아 있으며, 예수에 대한 자신의 약간의 이단적인 사고
들에도 불구하고 가족들의 지지와 존중을 유지하도록 힘쓴다"라고 했다.[18]
예수를 따르는 무슬림이 이렇게 하는 목적은 자기가 속한 가정의 모든 식
구를 그리스도에게로 함께 돌아오게 함인데, 티터는 이 목적을 이루기 위
하여 꾸란을 다리(a bridge)로 삼아 사용하는 모델을 선호하였다. 이 모델
의 시험에서 그는 다음과 같이 말한다. "'성령으로 거듭난다'는 것은 하나
의 중대 국면의 사건이라기보다는 과정으로 보였다. 이 과정에 있는 무슬
림들 중 어떤 이는 개종자라기보다는 '임시적인 신자(tentative believers)'
라 불리는 것이 가장 낫다"라고 했다.[19] 그는 이 과정을 개종에 대하여
"역동적으로 상응하는 것"(dynamic equivalent)으로 보았다. 무슬림이 그
리스도께 돌아오는 것은 단 한 번의 결정이라기보다도 '되어가는 것의 과
정'(process of becoming)인데, 하비 콘(Harvie Conn)뿐만이 아니라 필 파
샬(Phil Parshall)도 방글라데시에서의 경험을 통해 개종의 순간은 "복음의
진리에 점차로 다가오는 과정 중에 아무도 모르게 일어날 수 있다"라고
강조하였다.[20] 우리는 "이러한 무슬림들 안에 심겨진 복음의 씨앗으로서의
'임시적인 신자'는 볼 수 있으나, 아직 추수할 때는 오지 않았음"[21]을 기억
해야 할 것이다. 티터는 무슬림들에게 다가갈 때 다음과 같이 요약된 전도
의 내용을 사용함으로써 예수님에 대한 새로운 이해를 돕고 오해의 장벽
을 깨뜨릴 수 있다고 했다.

우리는 모두 하나님으로부터 떠나 길 잃고 방황하고 있는 양들과
같습니다. 하나님은 그 길을 보여주시려고 우리에게 예수님을 보내
셨습니다. 예수님은 기독교인만을 위한 분이 아닙니다. 그분은 또한
무슬림을 위해 오신 분입니다. 그분은 하나님 안에서 새 생명과 희
망을 우리 모두에게 주시려고 오셨습니다. 우리는 그분을 따르고 있

습니다. 잠시 동안 우리와 함께 걸어보지 않으시겠습니까? 우리는
그분이 우리에게 가르쳐주신 바를 함께 배울 수가 있습니다.[22]

"한 손으로 두 개의 수박을 들 수 없다"라는 아랍 속담이 있는데, 무슬
림 자신들은 이와 같이 자기 안에 두 개의 거대한 종교를 동시에 받아들일
수 없다고 표현한다. 그렇다면 결론적으로 왜 무슬림들은 이슬람을 떠나
는가? 무엇 때문에 그들은 회심하게 되는가? 이슬람 내에 존재하는 무함
마드가 계시 받았다고 하는 경전과 교리에 문제가 있음[23]을 발견하고, 수
많은 분파와 종파들의 갈등 속에서 참 평안을 찾으려 애쓰다가, 이슬람에
대한 회의를 겪으면서 진리를 추구하는 마음이 일어나는 것이 중요한 이
유가 되고 있다.

## 예수님을 믿을 때의 어려움

기독교인과 무슬림 모두에게 예수님을 믿을 때의 어려움이 무엇이며,
무슨 어려움이 예상되느냐고 물었을 때 위험에 처하거나 문제에 직면한다
고 15 명이 26 차례에 걸쳐서 언급하였다. 이 가운데 가족과의 문제가 생
긴다고 11 명이 25 차례에 걸쳐서 언급하였다.

내가 기독교인이 되었다는 이유로 정부는 우리 가족에게 해를 끼칠
수 있어요. 이 모든 것들이 제게 스트레스를 줘요. 정부는 우리 가
족들을 붙잡아 놓고 내가 다시 이슬람으로 돌아오지 않는다면 그들
을 가만 내버려두지 않겠다고 하여 강제로 변하게 만들죠. 나는 항
상 나 자신보다도 우리 가족들을 해칠까봐 그게 염려가 돼요. 만약
에 당신이 무슬림인데 기독교인이 된다면 오직 두 가지 선택만이
있어요. 다시 무슬림으로 돌아가든지 아니면 죽임 당하든지(인터뷰
02).

어떤 이슬람 국가에서는 심지어는 우리나라에서도 나는 매 맞을 수 있으며, 죽임당할 수도 있지요. 내가 무슬림이 아니란 이유 때문에 그들은 내 딸을 아주 나쁘게 대할 거예요(인터뷰 05).

우리나라에서는 내 종교를 바꾼다는 건 아주 어려운 일이에요. 그것은 벌을 받아야 할 범죄예요. 그 벌은 처형되는 것일 수도 있어요 (인터뷰 14).

내 종교를 바꿨을 때 문제는 이곳에서가 아니라 우리나라에서예요. 내 친구가 먼저 믿었고, 그리고 나는 그의 뒤를 따랐어요. 그러나 우리는 고국에 있는 아내나 자녀들에게 이 사실을 알릴 수가 없어요. 왜냐하면 우리는 죽임을 당할 수도 있기 때문이에요(인터뷰 20).

나는 무슬림이었지만 기독교인이 됐어요. 그러자, 독일에 있는 형제들이 독일로 오라고 비자를 보내 줬어요. 그러나 난 무서워요. 우리 가족이 얼마나 엄한 무슬림 가정인지 알기 때문이에요. … 내가 지금 한국에 있는 걸 주님께 감사드려요. 나는 어디에도 갈 수 없어요. 독일이나 터키, 루마니아에도 가기 싫어요. 만약 내가 간다면 모르긴 해도 내 형제들이 나를 때리거나 죽일지도 몰라요. 그들에게 바이러스 같은 존재이기 때문이지요. 무슨 일이 일어날지 아무도 몰라요(인터뷰 24).

우리 가족은 아직 제가 한국에 있는지 몰라요. 여전히 홍콩에 있는 줄 알고, 제가 여기서 기독교인이 된 걸 몰라요. 그들이 알게 되면 전 귀국해야 하고, 죽임 당할지도 몰라요. 이것이 내가 우리나라로 돌아갈 수 없는 이유이고, 내 생명을 위험에 처하도록 내버려둘 수 없는 이유예요(인터뷰 25).

무슬림에서 기독교인으로의 회심은 결코 허용되지 않는다고 4명이 응답한 반면, 전혀 문제가 안 된다고 응답한 사람도 11명이나 되었다. 특히

한국에서 기독교인이 되는 것은 아무런 문제가 되지 않는다고 공통적으로
대답하였다.

내 친구들이 한국에서 내가 기독교를 믿는다는 걸 아는 건 아무런
문제가 안 돼요. 이 사실을 예멘에 있는 사람들에게 알리지 않을 거
예요. 문제는 믿는 사람이 우리나라로 돌아갔을 때 그의 믿음이 알
려지게 되는 순간이죠. … 우리나라에서는 이슬람에서 다른 종교로
바꾸는 사람은 죽임 당할 거예요. 그렇기 때문에 우리나라에서는 자
신이 기독교인이란 점을 숨기며 비밀 유지를 하려고 하는 거죠(인터
뷰 06).

실제로 한국에 있는 외국인으로서 기독교인이 된다는 건 아무 문제
도 없어요. 왜냐하면 어디서든지 교회들을 찾아갈 수 있기 때문이에
요(인터뷰 08).

한국에서는 어떤 문제도 없을 거예요. 왜냐하면 모든 사람이 타인과
그의 종교를 존중하기 때문이에요(인터뷰 07).

무슬림들 가운데는 4 명이 이 질문에 대해서 전혀 생각해 본 적이 없다
거나 답하기를 원치 않는다고 응답하였다.

예수를 믿을 때의 어려움이라, 그건 내가 이슬람을 떠나는 것을 의
미하니 전에 한 번도 생각해 본 적이 없지요. … 이슬람 국가인 이
집트에 비해 이곳은 상당히 자유가 있고요. 그러나 내가 종교를 바
꾸려고 한다면 상당한 방해가 있을 겁니다. 실제로 원래 무슬림인
나는 기독교인이 된다는 건 한 번도 생각해 본 적이 없거든요(인터
뷰 14, 21).

종교적인 어려움에 대해서, 나는 이 주제에 대해 이야기하고 싶지
않습니다(인터뷰 18).

아무래도 자신들의 국가가 이슬람권이지만 종교의 자유가 있는 우리나라에서는 회심하더라도 위험을 덜 느끼고 있다는 것을 확인할 수 있는 응답들이야말로 무슬림 이주민을 위한 사역자들에게 소망과 격려, 힘이 될 것이라고 본다.

## 국내 이슬람교 확산과 MENA 출신 무슬림의 회심 추세

국내에서의 이슬람교가 확산할 것인가 아니면 무슬림들의 회심이 증가할 것인가를 조사하였다.

### 이슬람교 확산

다음과 같은 다섯 가지 이유를 들어 국내에 이슬람교가 확산하며 무슬림이 증가할 것이라고 전망한 이들은 항목마다 3 명씩이었다.

- 이주민들이 지속적으로 증가할 것이다.
- 정치적 난민이 증가할 것이다.
- 외국인 무슬림의 숫자가 증가할 것이다.
- 대한민국은 안전하고 개발된 국가이다.
- 이슬람은 진리와 평화와 관용의 종교이기 때문이다.

그러나 또 다른 3 명은 한국의 사회적 관습이 이슬람의 관습과 상당히 다르기 때문에 증가하지 않을 것이라고 응답했으며, 증가할지는 모르지만 증가하기를 바랄 뿐(3/3)이라고 응답한 이들도 있었다.

## 무슬림의 회심 추세

대한민국에는 선택의 자유가 있기 때문에 무슬림의 회심이 증가할 것이라고 비록 1명이 응답했지만, 이 응답은 중요한 관점을 우리에게 제시해 주고 있다고 본다. 즉, 우리 모두에게 주어진 선택의 자유가 MENA 출신 무슬림을 위한 교회개척에 굉장히 귀중한 요소가 되는 것을 알려준다는 점이다.

> 한국에는 더 많은 선택의 자유가 있어 회심자가 증가할 것이라 봅니다. 내가 만약 우리나라에 있었다면 내가 원하더라도 결코 기독교인이 될 수 없을 것입니다. 한국에는 내가 기독교인이 된다, 혹은 무슬림이 된다 해도 나를 처벌할 법이 없습니다. 자유가 있기 때문이지요(인터뷰 02).

이 외에도 외국인 출신 선교사들이 함께 일하고 있으므로, 성경을 비롯한 책들을 읽고 있으므로, 쉽게 정보를 검색할 수 있으므로 회심이 증가할 것이라고 전망했다. 또한 한국어 수업이나 기독단체의 전도, 교회와 기독교인의 도움, 성령의 능력을 통해서도 회심자가 증가할 것이라고 응답하였다. 그러나 한국에 거주하고 있는 무슬림들은 세속적인 것에 관심이 많으며(2/3), 이미 그들 자신의 종교가 있기 때문에(2/2) 무슬림의 회심이 증가하지 않을 것이라고 답한 이들도 있었다.

*6*

교회개척 이론과 교회개척의 자세

# 교회개척 이론과 교회개척의 자세

MENA 출신 무슬림 디아스포라를 위한 교회를 개척하기 위하여 타문화권 교회개척 이론과 선교적 교회개척 이론을 살펴보도록 하자.

## 선교적 교회와 제자 공동체 교회

필자는 논문에서 두 교회의 모습을 강조하였다. 하나는 선교적 교회이다. 이는 하나님의 부르심을 받은 백성들이 선교를 교회의 본질로 인식하고 실천하는 선교 지향적이고 선교 중심적인 교회이다. 다시 말해 불신 세상을 향해 나아가는 생동하는 교회, 즉 하나님의 말씀을 통한 생명력 있는 배움과 복음 증거가 이루어지며, 다른 사람 및 하나님과 생명력 있는 관계를 지니며, 하나님이 기뻐하시는 방향으로 나아갈 수 있는 생명력을 가진 교회를 가리킨다. 또 하나는 제자 공동체 교회이다. 교회는 모여서 예배하는 공동체요, 흩어져서 증언하는 공동체로 불린다. 예수님을 닮은 제자들이 많으면 많은 공동체일수록 하나님께로 나아오고 세상으로 나가는, 다시 말해 모여서 예배하고 흩어져서 증언하는 공동체의 역할을 제대로 감당할 수 있다. 필자는 논문에서 이러한 교회를 제자 공동체 교회라 불렀다.

크레이그 밴 겔더(Craig Van Gelder)는 교회에 관한 성경의 이미지들을 하나님의 백성, 그리스도의 몸, 성도의 교제, 성령의 창조물로 이해했는데, 다음과 같은 이중성을 가지고 있다고 했다.[1]

- 거룩하면서 동시에 인간적이고, 영적이면서 동시에 사회적인 교회
- 보편적이면서 동시에 지역적이고, 일반적이면서 동시에 상황적인 교회
- 유일하면서 동시에 다수이고, 통일되어 있으면서 동시에 다양한 교회

이제 국내 거주 MENA 출신 무슬림을 위한 교회개척을 위해 어떤 전략을 형성해야 하는가를 살펴보기로 한다.

## 무슬림 디아스포라를 위한 교회개척

주님의 지상명령을 수행하려면 잃어버린 영혼들에게 전도해야 하며, 복음이 들어가지 않은 곳의 백성들을 위한 교회를 개척해야 한다. 예수님께서 추수를 위해 더 많은 일꾼이 필요하다(눅 10:2)고 하셨는데, 우드베리는 새로운 일꾼을 발견하는 장소는 추수해야 하는 바로 그곳이라고 강조했다.[2] 성경에는 이러한 교회개척의 예가 많이 나온다. 엘머 타운즈(Elmer Towns)와 더글라스 포터(Douglas Porter)는 『사도행전식 교회개척』에서 사도행전에 언급되는 많은 교회들을 열거해 가면서 다음과 같은 지침들을 제안하였다.[3]

- 복음으로 지역사회를 적시라.
- 평신도들이 함께 참여하라.
- 다양한 사람들에게 전파하라.
- 목적이 이끌어가는 교회가 되게 하라.
- 개인적인 역량이 발휘되도록 하라.

- 사역에 흥미 있는 사람을 세워라.
- 말씀이 기초가 되는 사역을 하라.
- 세속적인 사상에 복음을 나타내라.
- 팀으로 사역하라.
- 사람들을 세워가라.

나아가 앞의 책은 교회개척 이론을 조직이나 행정과 관련하여 지침을 주고 있는 것이 아니라, '사람이 말씀 안에서 굳게 서도록 하는 일에 초점을 맞추는 것'이야말로 바람직한 교회개척임을 알려 주고 있다. 교회개척은 진리 안에서 똑바로 서게 된 자가 옆에 있는 제대로 서 있지 못한 자를 세워갈 때 완성된다. 국내에 거주하는 무슬림 디아스포라이지만, 이들로 구성된 교회가 그들이 살고 있는 지역사회까지 복음으로 품을 수 있는 교회가 되게 한다는 것은 큰 도전이 아닐 수 없다. 무슬림 이주민에 관한 인식이 뚜렷한 전문인 사역자가 더욱더 필요한 시대가 된 것이다.

히버트는 IS(ISIS)가 나타나기 이미 여러 해 전에 "이슬람 편에서는 근대성을 유입하되, 일차적 정체성은 이슬람교에서 찾는 흐름, 즉 신정주의 국가를 세우려는 분위기가 갈수록 강해지고 있다"[4]라고 예견한 바 있다. 그러나 한국 내에 거주하고 있는 MENA 출신 무슬림들이 자신들의 고향인 MENA 지역과 동떨어진 한국에서 이슬람 국가를 형성하기란 요원해 보인다. 왜냐하면 국내에 MENA 출신 장기 거주자는 전체 이주민의 0.6%로 워낙 소수이고, 자신들의 지지기반과 지리적으로 너무 멀리 떨어졌으며, 한국의 사회 문화적 환경이 이슬람 국가를 허용할 만큼 녹록치 않기 때문이라고 본다. 그러므로 교회개척자는 이들이 도리어 복음 안에서 똑바로 서게 되어, 이슬람교의 신앙공동체인 움마에 속한 다른 무슬림을 말씀으로 바로 세울 수 있는 교회를 세우도록 도와야 한다. 즉, "이주민, 난민, 디아스포라 민족 사이에 흔히 발견되는 '고향에 대한 동경'이라는 향수

병을 해결해 줄 수 있는 교회"5를 개척할 수 있어야 한다. 특히 국내에 들어와 있는 난민들을 위해 한국교회는 경제적 책임, 종교적 책임(선교), 사회적 책임, 육체적 책임(보호)을 져야 한다고 이대흠은 "한국에 있는 난민선교의 책무"에서 강조했다.6

한편, 회심자를 어떻게 대해야 할 것인가에 대해서 잘못 알려져 있거나 우리가 잘못하고 있는 내용들을 점검하면서 전도전략을 다시 세워야 한다. 무슬림이 회심할 경우에 겪게 될 어려움을 나누고, 이러한 어려움은 믿는 자로서 마땅히 져야 할 짐임을 알려 주고 함께 지는 방법을 찾아야 한다. 그리고 회심자가 다시 진리에서 멀어지는 일이 없도록 잘 돌보아야 한다. 피면담자의 절반가량은 예수님을 믿어도 전혀 문제가 없을 것이라 말하였지만, 종교의 자유가 없는 무슬림의 아픔을 공감해야 할 것이다. 사역자가 예수의 이름으로 인하여 치욕을 받은 경험과 믿음을 위해 땅(세상)의 것을 포기한 경험들을 나누면 좋을 것이다. 특히 원래 모계 중심 사회였던 아랍사회여서인지는 몰라도 회심할 경우 어머니와의 갈등구조가 많을 것이라 했는데, 이 또한 잘 이해하고 해결해 나가도록 도와야 할 것이다. 그리고 국내에서 오행육신을 따르지 않는 무슬림을 경시할 것이 아니라, 예수 안에서 은혜와 진리가 가져다주는 자유로운 신앙생활의 기쁨을 그들에게 소개해야 할 것이다. 논문의 연구결과에서 나온 것을 참조하여 회심한 이들이 자신들이 전에 따랐던 이슬람을 어떤 측면에서 얼마나 혐오하는가를 알고 무슬림과의 대화의 소재로 삼아야 할 것이다. 위에서 언급한 MENA 출신 무슬림을 위한 교회개척 전략을 통합하여 하나의 그림으로 나타낸 것이 다음의 <그림 6>이다. 8장, 9장, 10장에서 다음 그림에 대하여 더 설명할 것이다.

아랍국에서 살아 본 경험이 있는 리더가 아랍의 젊은 사역자를 훈련시키며, MENA 출신 기독교인을 데리고 아랍국가로 비전트립을 다녀오는 것이 유익하다. 이주민들을 위해 온전히 희생하며 섬길 줄 아는 사역자들

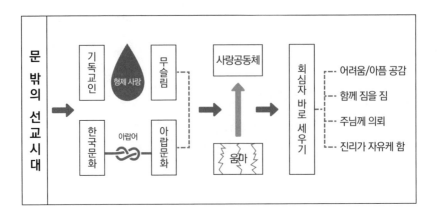

그림 6. MENA 출신 무슬림을 위한 교회개척 전략

이 어디에서든 가장 필요하나, 외국인이 담임하는 교회가 아닌 BMB가 담임목회를 하는 BMB Church, 즉 한국 선교사에 의존하지 않는 아랍교회를 시작하는 것이 바람직하다. 그런데 기독 사역자들 중에 아랍인들을 대상으로 비즈니스를 하는 이들이 있다고 응답한 MENA 출신 무슬림들이 있었다. 본인들의 사역에 필요한 재정후원을 위해 외국인을 이용하는 국내외 사역자들이 있다는 것이다. 이러한 일이 진행되지 않도록 동역자들이 경계해주고 한국교회가 깨어 있어야 한다.

## 타문화권 교회개척 이론

셔우드 링겐펠터(Sherwood Lingenfelter)와 마빈 메이어스(Marvin K. Mayers)는 다음과 같이 말했다.

선교사들은 새로운 문화적 환경 속에서 완전히 다시 사회화 되어야 한다. 그들은 마치 먹고 대화하는 관습에서부터 일하고, 놀고, 예배

하는 형태에 이르기까지의 모든 것에 무지한 아이들처럼 문화 속으로 들어가야 한다.[7]

다른 문화권에서는 결코 100 퍼센트의 내부인(insider)이 될 수는 없으므로 자신의 문화와 다른 문화권 각각의 75 퍼센트 사람만 되어도 합하여 150 퍼센트의 사람이 되는 법인데, 이것마저도 평범한 도전이 아니다.[8] 요한 갈퉁(Johan Galtung)은 "로마에 가면 로마 사람이 하는 것처럼 행하라"(When in Rome, do as the Romans do)라는 격언을 교회가 "사람들이 로마 사람이 하는 것처럼 행할 때, 그들을 로마 사람처럼 대하라"(When people do as the Romans do, treat them as Romans)[9]는 교훈으로 받고 실천해야 한다고 했다. 우리가 살고 있는 지역으로 들어온 외국인 거주자들은 우리나라 사람처럼 행하려고 애쓰는 부분들이 많다. 그러나 우리가 보기에 여전히 한국인으로 보기에는 턱없이 부족한 외국인에 불과하다고 이들을 소외시켜서는 안 될 것이다. 국내 거주 외국인을 한국 사람처럼 대해야 하지만, 동시에 그들을 위한 교회개척은 또 다른 형태의 타문화권 교회개척임을 명심해야 한다.

## 선교적 교회개척 이론

하나님의 선교는 결코 양적이거나 수적인 성장을 중요 가치로 내세우지 않는다. 교회를 불러 모으시고, 다시 세상으로 내보내시는 하나님의 선교야말로 선교적 교회의 본질이 되어야 한다. 여러 선교활동들을 효율적이고 실용적인 방법으로 이루려는 자세와 이를 지지하는 세계관은 선교적 교회에 합당하지 않다. 최형근은 한국교회에 '가나안 성도' 현상이 생긴 것은 한국교회가 "구원의 제도적 기관이며 대항 문화적이고 대조 사회적 공동체로서 세상에 대한 선교의식을 크게 감소시켰기 때문"[10]이라고 진단했

다. 그리고 서구교회가 이미 잃어버린 것 중에서 모든 교회가 재발견해야
할 가장 우선적인 것은 "삶의 전 영역을 통합하는 하나님의 선교를 하나
님 백성의 선교로 구현하는 기독교적 습관과 실천"[11]이라고 하였다. 그러
면서 "선교적 교회 운동을 통해 공동체에 대한 다양한 신학적 숙고와 이
상적인 공동체를 구현하고자 하는 열망에서 작은 소그룹들이 소개되고 실
천되어 온 것은 사실이지만, 한국교회 전체에 파급되어 변혁을 이룰만한
제자도를 실현하는 공동체의 모델들은 오랜 과정을 통해 시행착오를 거쳐
제시될 것"[12]이라고 전망했다.

　지금까지 한국교회 안에서는 다양한 프로그램으로써 교회성장을 추구
하고, 교회성장을 위해 선교를 지향한 면이 있었다. 그리고 국내외에 교회
를 개척하는 교회를 선교하는 교회라 여겨왔으나, 이는 선교적 교회가 주
장하는 소위 '교회의 본질이 선교'라는 주장과는 다르다. 도리어 하나님의
선교에 대한 이해에 근거한 공동체와 제자도 중심의 교회[13]야말로 선교적
교회의 모델이라 할 수 있다. 존 풀렌바크(John Fuellenbach)는 제자 공동체
가 선교적 교회라는 점을 잘 설명하였다. 그는 "교회란 주를 따르는 것이
자신들의 삶의 신앙고백으로 삼은 사람들의 공동체로 나타나야 하며, 또
그렇게 지어진 공동체가 곧 교회"라고 하였다.[14] 여기서 주(主)를 따르는
기본 요소가 '부름 받음과 보냄 받음'(막 3:13-15)이므로 제자 공동체는 선
교적 교회라는 것이다. 그러면서 제자가 된다는 것은 제일 먼저 주님과 함
께하며 친밀감을 가지는 것으로서 보냄을 받기 전에 먼저 보고 만지고 주
님과 함께 더불어 누리는 것(요일 1:1-4)임을 강조했다.[15]

　에이버리 카디널 딜레스(Avery Cardinal Dulles)는 풀렌바크에 앞서 교
회의 모델 다섯 가지를 설명하였다. 그에 의하면 교회는 하나의 인간 공동
체로서 조직되었고, 은혜에 기초한 친교 단체이며, 하나님을 찬양하고 예
배하고, 복음을 전파할 책임을 가지며, 인간 사회를 치료하고 견고히 하는
조직이다.[16] 그는 제자 공동체로서의 교회 개념은 친교 모델의 변형이라

할 수 있으며, 그리스도에 대한 교회의 지속적인 관계는 그의 영을 통하여 계속 친밀하게 다스림 받는 것이라 하였다.[17] 이처럼 예수님과 함께함으로 제자들은 새것이자 새롭게 된 이스라엘을 상징적으로 대표하는 하나의 대조적인 공동체가 되었다.[18] 실제로 사도행전에서 새로 예수님을 믿게 된 신자들은 제자로 불렸고, 교회 자체가 제자 공동체로 불리기도 했다(행 6:1,2,7). 제자의 개념은 초대교회에서 점점 확산되어 교회에서 가르침을 받은 큰 무리를 제자들이라고 언급했고, 이들이 그리스도인이라 일컬음을 받았다고 했다(행 11:26). 교회는 이처럼 처음부터 제자 공동체였다.

선교적인 교회가 되기 위해서는 계속 주님의 임재를 누리면서 제자로서 주님을 좇는 삶이 필요하다. 그러므로 선교적 교회를 개척한다는 말은 주님과 친밀하게 교제하는 제자가 자기 주변의 이웃과 소통하며, 이웃들의 필요를 이해하고, 이웃들과 함께 공동체를 이루어 그들의 삶이 하나님의 영광을 나타내도록 운명을 같이하게끔 돕는다는 말이다. 즉, 성육신적 운명 공동체를 형성하는 것이다. 겟츠가 예루살렘 모델이라고 명명한 사도행전 2:42-47 의 모습이야말로 성경적으로 예수님의 제자 공동체의 모습을 제일 잘 보여주는 것이며, 존 스토트(John Stott)가 『살아있는 교회』라는 책에서 처음부터 끝까지 설명한 교회의 본질이라고 할 수 있다. 문화적으로나 사회적으로나 선교학적으로 이와 근접한 형태의 교회, 즉 제자 공동체 교회를 MENA 출신 무슬림 가운데 개척하려면 한국문화와 충돌하는 그들의 가치관과 세계관이 무엇인가를 연구하면 될 것이다.

## 교회개척자의 자세

MENA 지역에서 무슬림을 대상으로 10 년 이상 교회개척을 한 사역자에게 어떤 자세로 사역하는 것이 바람직한가를 물어보았다. 3 명이 인내해야 하며, 성경을 나누어 주어야 하고, 전도할 때 자유함을 가지라고 각각 권면하였다. 또 다른 2명은 사랑과 긍휼의 마음을 가지고, 난민을 돕는 데에 힘을 모아야 한다고 각각 권면하였다. 이외에도 다음과 같은 자세들을 언급하였다.

- 상황화를 하라.
- 비판적이 되지 말라.
- 겸손하라.
- 기도운동을 하라.
- 무슬림도 하나님의 형상임을 기억하라.
- 연합수련회와 팀 선교를 하라.
- 그리스도의 용서하심을 보여주라.

그렇다면 교회는 누가 개척할 수 있는가? 이 점을 바로 점검하는 것이야말로 국내외 어느 곳에서든 제대로 된 교회를 개척하는 방법이 될 것이다. 대린 패트릭(Darrin Patrick)에 의하면 구원받고 부름 받은 사람, 즉 "마음과 머리와 기술의 검증을 받은 사람"[19]이 목회자와 교회개척자의 소명을 받은 사람이라고 하였다. 신약성경에는 디모데전서 3:2-7에 이런 사람의 자격 요건이 나와 있다. 하늘의 영광을 버리시고 사랑으로 낮아져서 죄인들과 같이 되신 예수님, 궁극적으로는 하나님과의 완전한 단절을 경험하셨던 예수님처럼 자신이 가장 편안하게 여기는 안전지대를 떠나 성령님만 의지하며 사는 일꾼들이 교회개척자로서 적합하다. 패트릭은 "설교와 가르침을 잘하는 선지자적 관점, 사람들의 필요를 알고 격려하는 제사장적 관점, 조직적으로 생각하고 문제 해결에 탁월한 왕적 관점이라는 3중 관점에서 노련한 일꾼이 되어야 한다"[20]라고 했다. 목회자가 지녀야 할 자격과 자세는 이 외에도 참으로 많다. 성령의 아홉 가지 열매가 가득한 사람, 하나님과 이웃을 진정으로 사랑하는 마음으로 가득 찬 사람, 무엇보다도 거짓 가르침에 얽매여 지금까지 참 자유를 한 번도 맛보지 못한 무슬림들을 가슴 아파하며 불쌍히 여기는 사람이 교회개척자로서 적합하다.

삼자(三自) 원리(자치, 자급, 자전)를 따르는 선교사들은 자연스럽게 현지인이 이끄는 교회들을 설립해야 한다고 생각할 수 있는데, 이러한 생각은 톰 스테픈(Tom Steffen)에게 단계적 철수에 대한 아이디어를 제공하였다고 볼 수 있다. 스테픈은 종합적이고 하나님 나라 중심적이며, 단계적 철수 중심적인 타문화권 교회개척을 주장했다. 그에 따르면 단계적 철수란 "사역 준비 단계, 예비 전도 단계, 전도 단계, 전도 이후 단계, 철수 단계"[21]를 가리킨다. 실제로 교회개척 선교사들이 언제 철수하는 것이 가장 바람직한가는 늘 고민하지 않을 수 없는 이슈이다. 사역의 목표가 달성되었거나 사탄의 적극적인 방해가 있거나 현지 지도자가 제대로 리더십을 발휘하게 된 경우에 철수할 수 있지만, 때로는 자연재해나 정치, 경제, 사회적으로 예기치 않은 일들이 생기면 철수해야 한다.

필자가 교회개척자의 자세를 다루면서 철수 이슈에 집중한 이유는 한국 내에서의 교회개척이기 때문에 더 궁금해졌기 때문이다. 국내 거주 이주민들을 위한 교회를 개척한 이후에 그 사역자는 어디로 철수해야 한단 말인가? 연구를 거듭하는 중에 철수에 대한 바른 개념을 가지는 것은 교회개척의 동기와 방법과 교회의 지속성과 떼려야 뗄 수 없다는 사실을 깨달았다. 예수님은 3년간 제자들을 훈련시킨 후에 약속대로 하늘로 떠나셨지만, 그의 제자들은 그 사역의 바통을 받아서 달릴 수 있었는데, 그 원동력은 다음과 같은 조건들을 예수님께서 잘 이루셨기 때문이다.[22]

- 제자들과 깊은 관계를 형성하였다.
- 제자들로 하여금 비전을 가지도록 하였다.
- 가르치기 전에 먼저 사역의 모범을 보였다.
- 제자들의 권한이 분산되도록 조직했다.

- 제자들이 즉시 사역에 참여할 수 있도록 하였다.
- 제자들의 실수를 받아들였다.
- 제자들을 신뢰하였다.
- 떠날 것을 지혜롭게 알리셨다.
- 준비된 부재(不在)를 계획하셨다.
- 떠나신 뒤에 사역이 성장할 것을 기대하셨다.

교회개척 선교사가 교회를 개척하기 시작하는 처음부터 사역 내내 위의 내용을 염두에 둔다면, 이것들은 가장 훌륭한 교회개척의 원리와 전략이 될 것이다. 그리고 이 조건들을 그대로 적용하면 교회를 흔들리지 않고 든든히 서게 할 수 있으며, 가장 적당한 때 그 선교사는 철수할 수 있을 것이다. 그렇다면 국내 거주 MENA 출신 무슬림들을 위한 교회를 한국인 사역자가 개척한다면 언제 철수하는 것이 좋은가? 여기에 대한 대답은 일반적인 타문화권 교회개척 선교사의 철수 시기와 크게 다를 바가 없다고 본다. "교회개척 선교사들의 역할은 학습자, 전도자, 교육자, 거주 조언자, 순회 조언자, 부재(不在) 조언자를 포함"[23]하는데, 이 가운데에서 국내 거주 이주민을 위한 교회개척 사역자가 '부재 조언자'의 입장이 되기란 지리적으로 멀어질 수가 없는 것이 현실인 만큼 적용하기가 쉽지 않을 것이다. 그러나 만일 다른 교회를 개척하고 기존에 개척된 교회들을 순회하면서 조언자의 역할을 한다면 '부재 조언자'가 될 수 있을 것이다.

## 비판적 상황화

무슬림들을 위한 교회개척 전략을 다룰 때 다루어지는 논쟁적 이슈들이 있는데, 그중에 가장 뜨거운 이슈가 상황화이다. 하비 콘(Harvie Conn)은 무슬림들에게 복음을 전할 때 상황화가 필요하다는 것을 강조하기 위해 더욱더 많은 선교사가 "복음의 씨앗을 자신들의 화분에 심지 않고 문화의 다양한 토양 속에 심는 기술"을 사용하기를 강조했다.[24] 이럴 때 무슬림들은 반응한다는 것이다. 자신들의 화분에 심어놓은 복음을 그대로 이슬람권에서 전한다는 것이 얼마나 어리석은가를 표현한 말이라고 본다. 상황화가 유효한 개념이 된 것은 오늘날 많은 이슬람권 사역자들 가운데 이슬람에서 회심한 자를 그가 속했던 공동체에서 뽑아 오는(extract) 것이 아니라, 자신의 공동체 안에 어떻게 하면 여전히 머무를 수 있도록 도울 것인가에 공감대가 형성되고 있다는 사실 때문이다.[25] 바로 이러한 공감대에서 출발한 것이 내부자 운동(Insider movement)이라고 할 수 있다.

복음을 설명하기 위해 꾸란 구절을 사용해야 하는가? 복음을 전하기 위해서 무슬림처럼 되기 위한 방법에는 무엇이 있는가? 필자는 꾸란의 신적인 영감을 믿지 않으며, 그 안에 구원의 복음이 없음을 인식하고 있다. 그러나 무슬림들의 경전인 꾸란의 많은 구절에는 성경에서 언급된 내용과 유사한 내용이 많아 기독교의 증거들이 산재해 있다고 볼 수 있다. 그러므로 "우리는 그것들을 꺼내서 정화하고, 모자이크 돌들을 다시 복음 속의 제자리에 집어넣어야 한다. 즉, 다시금 성경적인 내용으로 채워 넣어야 한다"[26]라는 압둘 마시흐(Abdul Masih)의 의견에 귀 기울일 필요가 있다. 그러나 무슬림들에게 '꾸란 구절이 신적 권위가 있어서 사용하고 있구나'라는 오해를 불러일으킬 위험이 있으므로 유의할 필요가 있다.

히버트가 언급한 비판적 상황화는 두 문화가 충돌할 때 극복하는 방안이 될 수 있다. 그는 선교사가 새롭게 개종시킨 사람의 전통 신념과 관습, 즉 옛 문화에 어떻게 대응했는가 하는 질문에 관심을 가지면서 비판적 상황화를 언급하였다. 그가 말한 비판적 상황화의 첫 단계는 사역자가 현상학적으로 지역 문화를 연구하는 것이며, 두 번째 단계는 성경의 메시지를 다른 문화에 대한 인지적, 감정적, 평가적 차원으로 해석할 수 있는 초문화적 틀을 가지는 것이다. 세 번째 단계는 성경적 이해에 비추어 과거의

관습을 비판적으로 평가하고 새로이 발견된 진리에 대한 그 사람들의 반응을 결정하는 것이다.[27]

**7**

국내 아랍 무슬림을 위한 단계별 사역

# 국내 아랍 무슬림을 위한 단계별 사역

4장에서 언급한 것처럼 국내 아랍 이주민의 절반가량은 난민 신청자와 그 가족들이다. 그리고 개종¹이라는 종교적인 이유로 난민 인정 신청을 한 사람을 제외하고는 다 무슬림이다. 그동안 아랍 사람들을 만나다 보니 만난 이들은 거의 다 난민 인정 신청자였다. 그러므로 필자가 섬기는 대상을 한마디로 정의하면 '아랍 무슬림 난민 인정 신청자'인 셈이다. 이들은 난민 인정 신청을 한 지 6개월이 지나면 사업주의 허가와 함께 정식으로 취업을 할 수 있게 되어 한편으로는 이주 노동자의 길로 접어들게 된다.

2020년 1월, Covid-19가 막 퍼지기 시작할 때 나와 아내는 더 이상 해외로 나가지 않고 국내 거주 아랍 이주민 사역을 시작하였다. KWMA(한국세계선교협의회)가 운영했던 이주민/난민센터에서 일하도록 GBT(성경번역선교회)가 파견을 해 주었다. 누군가 우스갯소리로 이런 말을 했다. "시대가 시대이니만큼, 이주민 사역이 얼마나 중요하고 긴급했으면 성경번역선교회에서 이주민 사역을 하도록 허락했을까?" 사실 GBT에서는 또 한 가정을 국내 이주민(디아스포라) 사역을 하도록 임명했다. 전 세계의 소수종족, 그것도 성경이 번역되지 않은 종족 가운데서 우리나라에 들어와 살고 있는 이주민이 있다면 그들을 파악(mapping)해서 그들과 함께 성경을 번역하도록 하는 프로젝트를 세워가기 위함이다.

나는 그동안 '이주민/난민 센터'의 '아랍지역 매니저'란 명함을 만들어서 아랍 사람들에게 수백 장을 나누어 주었다. 서울 목동에 있는 외국인 출입국 사무소와 안산과 이태원을 제일 많이 들렀다. 목동 출입국 사무소 가까이에 위치한 제자교회와 이태원의 보광동교회에서 이 사역을 하는 내게 주차장을 무료로 사용할 수 있도록 해 주신 것이 참 감사하다. 나중에 언급하겠지만, 이 사역을 위해서는 지역교회와의 협력이 필수인데, 이미 보이지 않게 동역이 이루어진 셈이다. 이 밖에도 수원과 인천과 청주와 양주에 있는 출입국 사무소를 오가며 아랍 사람들을 만났다.

어느 날 아내가 말했다. "여보, 우리 지금 꼭 북아프리카 튀니지에 살고 있는 것 같아요!" 무슨 도움이 필요하면 한국사람 '이븐 무사'에게 연락하라고 입소문이 나서 시도 때도 없이 아랍인들로부터 전화가 오기 때문이다. 010으로 시작하는 모르는 전화가 오면 나는 아예 첫 마디를 아랍어로 응대한다. 여지없이 아랍 사람이다. 집에서 끊임없이 아랍어로 얘기를 하다 보니 아내는 마치 우리가 아랍 나라에 살고 있다는 느낌이 들었나보다. 국내 체류 아랍 무슬림들을 위한 사역은 다음 다섯 단계로 자연스럽게 이루어져야 바람직하다.

## 국내 무슬림 사역을 위한 다섯 단계

- **1 단계: 환대하기**
  '이슬람' 포비아가 확산한 영향 때문에 무슬림을 환대하기가 쉽지 않으나, 사랑으로 이들을 환영하고 접대하여야 한다.

- **2 단계: 도와주기**
  언어와 음식, 기후와 삶의 방식이 달라 수많은 어려움과 각종 질병과 재정적인 어려움에 처해 찾아오는 사람들을 무조건적으로 도와주어야 한다.

- **3 단계: 친구 되기**

  이렇게 환대하고 온 마음을 다해 도와줄 때 내가 먼저 요청하지 않았으나 나는 그들의 가까운 이웃이 되고 친구가 된다.

- **4 단계: 복음 전하기**

  위 1-3 단계에서 멈추게 되면 세상의 일반 자원봉사자, 도우미의 역할밖에는 할 수 없다. 반드시 빵과 함께 가야 하는 '하나님의 말씀'이 전해져야 한다. 개인 간증부터 시작하는 것이 좋다. 일단 친구가 되었으니 잘 듣는다. 일대일로 만나서 진행해야만 스스럼없이 질문도 하며, 자연스러운 반응을 나타낼 수 있다.

- **5 단계: 소수 사랑공동체 형성하기**

  1-4 단계를 거치면서 관심자가 생길 때에 함께 교제하며, 성경공부하며, 예배를 드릴 수 있는 공간에 초대한다. 2-3 인이 모이는 소수 사랑공동체가 형성되는 순간이다.

그럼 사역의 1 단계부터 자세히 살펴보도록 하자.


# 1 단계: 환대하기


국내 무슬림 사역 1 단계는 '환대하기'이다. "개구리 올챙이 적 생각 못한다"라는 속담이 있다. 국내 이주민 사역을 하는 자들의 삶 속에는 이 속담이 발을 붙이지 못하도록 해야 한다. 가난에 찌들어 있던 우리의 아버지, 할아버지 세대는 1960 년대에 독일에 광부로, 간호사로 나가서 외화를 벌어들였다. 그 삶이 얼마나 처절한 삶인가는 남겨진 기록으로 알 수가 있다. 그리고 1970 년대에는 미국, 캐나다, 아르헨티나, 호주 등으로 이민 행렬이 끊이지 않았다. 좀 더 잘살아 보려고 우리 친구들의 부모님들이 선택한 길이었다. 또한 이즈음에 월남(베트남)에 젊은이들이 파병되어 새파란 청춘의 목숨과 달러 월급을 맞바꾸는 일들이 벌어졌다. 나의 삼촌이 맹호부대원으로 싸우다가 다행히 살아서 돌아왔다. 1970 년대 말부터는 사우디아라비아 열사(熱砂)의 땅 건설현장에 한국인 노동자들이 투입되었다. 나의 아버지가 3 년여 동안 일하다 오셨는데, 거기서 기록한 아버지의 일기장은 눈물 없이는 읽을 수 없는 고난의 삶을 보여주었다. 이러한 역사는 우리나라가 너무나도 가난하였기 때문에 어떻게든 잘살아 보려고 발버둥친 역사였다.

1960 년대 당시 유엔에 등록된 120 개국 가운데 국민소득이 태국 220 불, 필리핀 170 불이었을 때에 한국은 76 불이었다. 다시 말하건대, 이 시기에 서독에 돈을 벌려고 갔던 광부와 간호사들의 눈물, 1970 년대 월남에서 생명을 담보로 외화를 벌어왔던 우리 젊은 삼촌들의 피 흘림, 열사의 땅 사우디아라비아에 돈을 벌려고 갔던 우리 아버지들의 애환, 그리고 북남미로 호주로 부모님 따라 줄줄이 이민을 떠나야 했던 우리 친구들과의 이별은 단 하나의 이유 때문에 벌어진 일이었다. 먹고 살 것이 없어서, 찢어지게 가난해서 살아 보려고 몸부림을 친 것이다.

왜 이들이 사랑하는 가족들과 고국의 산천을 뒤에 남겨두고 떠나서 나그네처럼 살아야 했을까? 지금도 북아프리카 땅에서는 결혼하자마자 신랑이 어여쁜 신부를 놓아두고 프랑스로, 독일로 떠난다. 아랍의 봄 이전에는 석유가 많아 돈 벌기 쉬운 리비아로 떠나곤 했다. 그런데 지금은 우리나라에 사람들이 몰려오고 있다. 태국, 필리핀, 베트남, 캄보디아, 미얀마, 중국, 북한, 우즈베키스탄, 카자흐스탄, 파키스탄, 이집트, 시리아, 예멘 등등. 왜 이들은 대한민국으로 몰려오고 있을까? 잘사는 우리나라, 종교의 자유가 있는 우리나라, 치안이 잘 돼 있고 일한 만큼 대가를 받을 수 있게 된 우리나라가 정말 좋아서이다. 왜 21 세기 지금 이 순간에 하나님께서 많은 민족을 우리에게로 보내시는 걸까? 현재 200 여 개국에서 20,000 명 이상의 한국 선교사가 사역하고 있지만, 이제는 그 200 여 개국에서 그 백배나 되는 200 만 명 이상의 이주민이 우리나라에 들어와 살고 있다. 이렇게 들어올 수 있는 나라가 된 것 자체가 하나님의 축복이다. 지금도 우리나라가

헐벗고 굶주리는 나라라면 누가 우리나라에 돈 벌러, 편하게 살아 보려고 들어오려 애를 쓰겠는가? 이렇게 들어온 이주민들, 난민들을 하나님의 사랑을 받은 우리 교회가 환대하고 이들에게 사랑을 전해야 한다.

신명기 24:18-22 에서 하나님은 택하신 이스라엘 백성에게 애굽 땅에서 종 되었던 것을 기억하라고 하신 후에 세 가지를 행하라고 명령하셨다. "곡식 단 다시 가서 가져오지 말고, 남겨두라! 올리브 나뭇가지 다시 살피지 말고, 남겨두라! 포도를 다시 따지 말고 남겨두라!" 이유는 바로 나그네와 고아와 과부를 위해서였다. 이것이 환대의 마음이다. 튀니지에서 마지막으로 살던 집 마당에 5-6 미터 높이의 올리브 나무 한 그루가 있었다. 이 나무 한 그루에서 700kg(대략 쌀 9 가마)의 올리브를 수확한다. 그야말로 하나님이 사막, 광야 지방에 허락하신 엄청난 은혜의 선물임에 틀림없다. 튀니지에서 12 월이나 1 월, 이른 아침이나 늦은 저녁 동네를 산책하다 보면 골목 담벼락으로 뻗어 나온 올리브 나뭇가지를 잡아끌어 한 알 한 알 올리브를 따서 비닐봉지에 담는 아주머니를 보게 된다. 원래 하얗지만 까만 때가 묻은 여인들의 전통 복장인 사프사리 천을 머리와 몸에 두르고, 아주 꾀죄죄한 모습으로 까치발까지 해 가며 올리브를 따는 모습을 보면 신명기 본문 말씀이 떠올랐다. '아, 담벼락 바깥에 따다가 남겨 놓은 이 올리브가 이 가난한 아주머니에게 귀한 음식이 되는구나!'

룻이 베들레헴으로 시어머니 나오미를 따라갔다. 두 과부에게는 먹을 것이 없었다. 먹을 것이 없으니 룻은 밭으로 이삭을 주우러 갔다. 그 룻에게 밭주인인 보아스가 어떻게 했는지 아는가? 일하는 자기 청년들에게 사역지침(?)을 내렸다. "룻을 위하여 곡식 다발에서 조금씩 뽑아 버려서 그에게 줍게 하고, 꾸짖지 말라!" 그렇게 과부를 돌본 보아스가 어떤 복을 받았는가? 다윗의 증조할아버지가 되었다. 룻과 결혼하여 오벳을 낳았는데, 오벳이 다윗의 아버지 이새를 낳은 것이다. 하나님의 마음을 알아서 나그네와 고아와 과부를 돌보는 자가 하나님의 기업을 무르며, 복을 받는 자녀임을 믿어야 한다.

국내 체류 중인 아랍인들을 만나기 위해서는 다음과 같은 방법들이 있다. 만나서 그들의 국내에서의 삶이 어떠한지를 잘 들어주는 것 또한 환대의 방법이다.

- 각 지역 외국인 출입국 사무소(서울 목동, 인천, 수원, 양주, 청주 등 전국에 산재해 있다)를 방문하여 비자 업무와 관련하여 와 있는 아랍인들과 만난다.
- 도시마다 배정된 공장(산업) 단지를 방문하여 아랍인들을 만난다.
- 안산 다문화거리나 이태원 등에서 아랍인들을 쉽게 만날 수 있다.
- 전국에 있는 모스크나 기도처를 방문하면 아랍 무슬림을 만날 수 있다.

## 2 단계: 도와주기

국내 무슬림 사역 2 단계는 '도와주기'이다. 국내의 MENA 출신 무슬림들은 이슬람의 다섯 기둥을 실천하거나 금요 모임에 참석하는 자들이 아주 적다. 국내에서의 삶이 녹록치 않으며, 현실적인 것에 지대한 관심이 있기 때문이다. 이러한 이주민으로서의 삶이 힘겨워지지 않도록 도움을 베풀어야 한다. 크게 다음과 같은 여섯 가지 영역에서 한국교회는 아랍 무슬림들을 섬기며 도와줄 수 있다.

### 법률(행정)적 도움

내국인도 그러하겠지만 법만 알면 쉽게 해결할 수 있는 것인데도 법을 몰라 불이익을 당하거나 누려야 할 혜택을 받지 못하는 아랍 무슬림이 참으로 많다. 이들을 도와주어야 한다.

- 난민 인정 신청: 이들의 입국 과정 이야기를 잘 듣고 사실에 근거해서 난민 인정 신청서를 작성하도록 돕는다. 일단 신청서가 제대로 접수되면 G1-5 VISA를 받게 된다.

- 비자 연장: 여권이나 비자만료일이 지난 후에 알게 된 사람, 주거지나 전화번호가 바뀌어 비자 갱신 안내문이나 난민 인터뷰 일정을 제대로 받아보지 못해 체류 기간이 만료된 사람을 돕는다.

- 재입국 허가: 오랫동안 고국을 방문하지 못한 상태에서 부모 중의 한 사람이 소천했을 때 유족이나 중병에 걸린 가족을 본국이나 제3국에서 만날 수 있도록 출국과 입국을 돕는다(2022년 상반기부터는 재입국 허가제도가 없어졌다).

- 재판 통역: 각종 사건(폭행, 사기 등)에 연루된 사람의 형편을 제대로 알려 변호한다.

- 체불 임금과 퇴직금 수령: 회사에 전화하거나 방문하는 것으로도 해결되지 않을 경우, 고용노동부의 중재를 통해서 수령하도록 돕는다.

- 외국인 보호소에서의 일시해제 요청이나 신속출국 요청 시 돕는다.

- 난민 심사를 위한 인터뷰에 동석한다.

- 변호사를 선임해 달라는 요청에 응하기도 한다.

- 기타: 낙태죄가 있나 없나에 대한 질문에 답을 하고, 외국인과의 결혼 절차나 다른 종류로의 비자 전환이 가능한지에 대한 질문에도 답을 한다.

## 재정적 도움

'직업을 구할 자격이 있는 비자'가 없는 사람(미등록 외국인, G1-5 VISA를 획득한 지 6개월이 안 된 난민 인정 신청자)들이 재정적 어려움을 많이 겪는다. 이들의 필요를 채워주어야 한다. 이들을 대형마켓에 데려가서 함께 쇼핑하거나 생필품을 택배로 보내주어도 좋다. 계절에 따라 옷이나 신발을 나눠주고, 병원 진료비를 돕기도 한다. 특히 병원마다 운영하고 있는 사회사업 팀이나 사회복지과나 거주지의 행정복지 센터와 연관하여 진료비 혜택을 받도록 한다.

일자리를 소개하는 것도 이들의 재정적 어려움을 돕는 중요한 방법이 된다. 이때는 12만 원에서 18만 원 정도의 비싼 커미션을 주어야 일자리를 소개받을 수 있는 비싼 인력사무소보다는 이주민 사역자 네트워크를 통하여 회사를 소개해 주는 것도 좋다. 때로는 전혀 숙소에 머물 수 있는 형편이 안 되는 이들을 위해서는 서울 금천구 가산동과 동작구 상도동에 있는 피난처, 이태원의 피난처, 서울역 근처의 나그네와 원뉴맨 공동체 등에 머물 수 있도록 소개해 주기도 한다.

필자가 1년이 넘도록 아내와 함께 팔을 걷어붙이며 재정적으로 도왔던 모로코 가정이 있었다. 그런데 결국은 재정적 상황이 어려워지자, 6개월 밀린 월세금 360만 원을 안 내고 긴급하게 아내와 5살 된 아들을 데리고 도주하였다. 집주인의 연락을 받고서 찾아간 방에는 온갖 잡동사니들이 널브러져 있었고, 아들의 장난감은 물론 생필품과 규모가 작은 가전제품들도 가져가지 못한 채 긴급히 빠져나간 모습이 역력했다. 나는 임대인의 전화도 안 받는 이들을 살던 집으로 다시 불러내서 임대인에게 용서를 빌도록 하고, 조금씩 갚아나가기로 약속을 받았다. 이 외에도 장기간 피난처에 머물던 난민 인정 신청자들이 규정에 따라 피난처를 떠나야 하는 경우들을 보면서 재정적으로 도울 때는 '뱀같이 지혜롭고 비둘기같이 순결해야겠다'는 다짐을 하게 되었다.

### 의료적 도움

물이 설고 낯선 땅에 살며 고되게 일하느라 아픈 사람이 많은데, 이들을 돕는 것이 그들의 마음을 부드럽게 한다. 재정적 도움 영역에서 언급했지만 1년간 무료 진료와 수술비를 지원하는 병원, 의료보험이 없으나 진료를 싸게 받을 수 있는 병원, 기업의 후원이나 행정복지 센터의 사회복지

지원을 받고 있는 병원을 소개할 수 있다. 그리고 이주 노동자들도 가입이 가능해진 월 8 만 원 가량의 국민건강보험에 가입하도록 권유한다. 우리가 만나는 이주 노동자들을 괴롭히는 질병의 종류는 다양하다. 골절/절단 등의 재해사고, 요통, 하지 정맥류, 족저근막염, 투석 환자, 안과와 치과 관련 질병, 치질, 심각한 가슴 통증을 유발하는 심장질환, 두통 등을 호소하는 이들이 많다.

### 문화적 도움

이주민들은 동족, 동일국가 구성원끼리 모여 게토(ghetto)를 이루는 성향이 강하다. 위키 백과사전에 따르면, 게토(ghetto)는 소수 인종이나 소수 민족, 또는 소수 종교집단이 거주하는 도시 안의 한 구역을 가리키는 말이다. 주로 빈민가를 형성하며 사회, 경제적인 압박을 받는 공간이다. 그러므로 정부 입장에서는 결국 자국민과 이주민 모두를 위하여 그들만의 게토를 형성하지 않고 사회통합 과정이 순순히 이루어지도록 해야 한다. 즉, 사회구성원으로서 소속감을 가지고 자립할 수 있도록 도와주어야 한다. 사회통합 프로그램(KIIP)은 국내 이민자가 한국사회의 건전한 구성원으로 적응, 자립할 수 있도록 지원하기 위하여 법무부 장관이 인정하는 소정의 교육과정(한국어 기초, 한국어와 한국문화, 한국사회 이해)을 이수한 이민자에게 국적취득과 체류허가 등에서 이민정책 방향에 맞도록 편의를 제공하는 제도이다. 2018 년 4 월 기준으로 전국에 이미 319 개 운영기관이 있었으며, 지금은 계속 증가 추세에 있다.

한국어와 한국문화를 잘 익히도록 돕는 것은 가장 큰 힘이 될 수 있다. 우리말을 모르면 앞에서 언급한 법률적, 재정적, 의료적 도움을 받는 데 제약이 너무나 많다. 국내에 체류하고 있는 이주민 언어그룹 중에서 아랍인들이 한국말을 제일 못한다고 볼 수 있다. 이것은 한국 사람에게 아랍어 배우는 것이 어렵다는 사실과 같은 맥락이라고 보면 된다. 한국어와 아랍어는 다른 게 서로 너무나 많다. 문자가 다르고, 소리를 내는 조음점(調音點)이 너무 다르고, 동사 활용 형태와 방식이 다르고, 무엇보다 어순이 서로 아주 반대다. '빨간 펜'이 아니라 '펜 빨간'이라 해야 하고, '자연 미네랄 음료'(Natural Mineral Water)도 '음료 미네랄 자연'이라고 해야 한다. '서울 용암초등학교 담임선생님 책상 위'라는 명사구도 완전히 뒤에 있는 단어부터 거꾸로 사용하기 시작해야 한다. 게다가 아랍어에는 한국 사람이 영어를 배울 때 어려워하는 관사(정관사의 유무), 전치사, 관계대명사 등이 쓰이고 있으니 배우기에 어려운 언어라고 느낄 수밖에 없다. 나는 북아프리카 대학에서 아랍 대학생들에게 한국어를 3,300여 시간 가르친 경험이 있어 한국어 교사 3급 자격증을 취득하였다(당시 800시간 이상 외국인에게 한국어를 가르친 현장 경험이 있으면, 심사 후에 3급 자격증을 부여하였다). 그러므로 아랍인들이 한국어를 배울 때 무엇을 어려워하고, 어떻게 하면 잘 배울 수 있는지에 대한 노하우가 있는 셈이다. 한국어 교육을 언어권별로 반을 나누어 특화된 교사가 실시하는 것이 더 효과적이라는 것은 이러한 이유 때문이다. 그리고 우리만 무조건 이주민들에게 언어를 가르치는 것이 아니라, 한국 사람이 그들에게서도 그들의 언어를 배울 수 있는 언어교환 프로그램을 만들어 활성화한다면 피차 큰 유익을 얻을 수 있으리라고 본다. 그리고 아랍 무슬림들의 말을 빌자면, 관공서뿐만 아니라 많은 장소에서 영어를 하는 사람이 아주 적다는 불만이 많다. 그래서 거주기간이 길어질수록 한국어를 배워야겠다는 생각을 많이 하고 있다. 한국어 교육을 통한 전도의 기회가 큰 이유가 여기에 있다.

　요즘에는 지역별 다문화센터 혹은 지역문화센터에서 뜨개질, 종이접기, 공방 활동 등 다양한 문화 활동을 제공해 주고 있다. 운동 센터에서는 배드민턴이나 탁구나 테니스, 수영을 배울 수 있고, 학원에서는 태권도, 피아노, 무용 등을 배울 수 있다. 국내 체류 외국인 남녀노소 모두에게 한국문화를 익힐 수 있는 기회를 부여하고 있으며, 이때 다양한 재능기부가 활용되고 있어 감사하다. 이 밖에도 이주민의 자녀들이 공식 교육이나 방과 후 학습을 받도록 돕는 것도 부모들의 가려운 데를 긁어주는 일이다. 나아가 생활 속에서 남녀 간 불평등한 모습들을 제거해 나간다든지, 늘 정직하게 그들을 대하는 것이야말로 그들로 하여금 안전한 곳에 머물고 있다는 정체성을 심어줄 수 있는 중요한 밑거름이 되기도 한다.

### 심리적 도움

난민들은 자국을 떠나기 전부터 심리적으로 연약한 상태에 있는 경우가 많다. 전쟁이나 테러, 살해의 위협이나 폭력, 구금을 당한 경우에 심리적 불안과 두려움이나 트라우마로 고생하는 이들이 많은데, 이들을 도와주어야 한다. 경우에 따라서 지속적인 상담과 약물 치료는 물론 생존을 위한 안전지대를 확보해 주어야 한다. 무엇보다도 이들이 자국에서 경험한 일들, 자국을 떠나면서부터 벌어진 일들을 포함하여 하고 싶어하는 모든 이야기를 잘 들어주고 공감해 주어야 한다.

### 가장 큰 도움

'사랑과 기도'로 행하는 놀라운 섬김이야말로 난민들에게 신뢰할 만한 가장 큰 도움이 된다. 이런 때에 전해지는 '복음'의 수용성이 가장 높다. 결국은 하나님 자녀로서의 정체성을 회복하도록 도와주어야 한다. 이 주제에 대해서는 8장 형제사랑 윤활유에서 자세히 다루기로 하겠다. '사랑과 기도'로 행하는 섬김이 얼마나 놀랍고 힘이 넘치는가를 알게 될 것이다.

## 3 단계: 친구 되기

국내 무슬림 사역 3 단계는 '친구 되기'이다. 친구 되기는 내가 주체가 되어서 국내 아랍 무슬림의 친구가 '되고 안 되고'를 말하는 것이 아니다. "누가 제 이웃입니까?"(눅 10:29)라는 율법교사의 질문에 도리어 "누가 그 (강도 만난 자)의 이웃이 되겠느냐?"(눅 10:36)라고 질문하신 예수님의 말씀에 답이 들어 있다. '내가 도와 줄 이웃이 누구이며, 지금 어디에 있단 말입니까?'라고 질문해서는 안 된다. '네 주변에 어려움에 처한 고아와 과부와 나그네가 있지 않느냐? 그들에게 어떻게 행해야 하느냐? 그들에게 사랑으로 행한다면 네가 바로 그들의 이웃, 친구가 되는 법이다'라는 음성을 들을 줄 알아야 한다. 내가 누군가를 도와주면 나는 그의 이웃이 되고, 나아가 친구가 될 수 있다. 이러한 경험을 필자는 국내 무슬림들을 만나면서 수도 없이 하고 있다. 이제는 전혀 알지 못하는 아랍인에게서, 심지어는 가장 멀리 떨어진 모로코에서도 도움을 요청하는 전화가 온다. 그리고 친구가 된다.

우리나라에서는 하루에 열한 시간 이상씩 열흘간 일을 하면 최저임금제에 따라 100 만 원 이상을 받을 수가 있다. 리비아의 한 친구가 이 임금의 절반가량인 56 만 원을 받기로 구두로 약속하고 C 도시에 있는 공장에서 열흘간 열심히 일했다. 그런데 일을 마치고 나서는 10 만 원만 달랑 주고서 나머지 금액 46 만 원은 나중에 주겠다며 떠나라 했단다. 석 달이 지나도록 주지 않았고 시흥에서 C 도시까지 두 차례나 회사를 방문했지만, 받지도 못한 채 쫓겨났다. 그런 후에 내게 도움을 요청했다. 나는 당사자와 친구를 데리고 회사를 찾아갔다. 회사 앞마당에 들어서자마자, 회사 부장님은 두 리비아 친구에게 삿대질을 하며 빨리 꺼지라고 했다. 나는 얼른 그들에게 우리 차에 들어가 있으라고 했다. 부장님과 사장님이 내게 오시더니 다짜고짜 이렇게 말씀하셨다. "당신 한국사람 맞아? 한국 사람이면 한국을 위해, 한국 사람과 한국 회사를 위해 일해야지, 저런 외국놈들 돈 받아주겠다고 여기까지 내려온 거야? 한국 사람이 창피한 줄 알아야지. 창피한 줄을⋯." 그래서 나는 이렇게 대답했다. "예, 정말 한국 사람으로서 창피해서 왔어요. 창피해서! 아니, 한국 사람이면 누구에게든 일 시켰으면 돈을 줘야지, 왜 안 줘요? 그래서 창피해서 왔어요, 제발 주시라고요!!!" 그러고는 20 여 분 고성이 오갔다. 태어나서 처음으로 가장 크고 높은 목소리, 화난 목소리로 싸웠다. 입이 바짝바짝 말랐다. "절대 줄 수 없으니, 저기 마대자루에 담긴 40 킬로짜리 플라스틱 조각이나 실어 가슈. 그거 팔면 46 만 원은 되겠네." 결국은 다음에 다시 오겠다 인사하고서 차에 올라탔다. 리비아 친구들이 나더러 괜찮으냐고 계속 물어보았다. 조수석에 있던 친구가 물병을 내밀며 마시라고 한다. 그때 이런 생각이 들었다. '내가 기독교인인 것을 알고 있는 이 리비아 친구들이 차 안에서 20 여 분 넘게 자기가 일했던 회사 사장님과 부장님과 맞붙어서 소리소리 높이며 자기들을 대신하여 싸우는 나를 보고 무슨 생각을 했을까?' 아마도 이런 생각을 했으리라. '도대체 이 사람은 누구길래 자기 일도 아닌데, 이 먼 곳까지 차로 내려와서는 목이 쉬도록 저렇게 우리 대신 싸워주는 거지? 이 사람은 정말 우리의 친구 맞다. 정말 좋은 기독교인임이 분명해.' 정말 나는 그날로 그들의 가까운 친구가 되었고, 그들의 큰 신뢰를 얻었다. 내가 어떤 이야기를 해도, 나의 신앙 간증, 심지어는 예수 그리스도의 복음을 얘기해도 이제는 화를 내지 않고 잘 듣는다. 명절 때마다 만나서 함께 시간을 보내고 있다. 이렇게 필자의 도움을 받은 후 나와 친구가 된 사람들은 내게 카톡 문자로 이런 고백들을 보내온다. "넌 정말 좋은 친구다. 네 모든 시간과 정성을 다하여 나를 도와주었다. 정말 믿을만하고 성실한 친구가 있어서 참 좋다."

## 4 단계: 복음 전하기

국내 무슬림 사역 4 단계는 '복음 전하기'이다. 친구가 되어 관계가 가까워지면 명절 때나 공휴일에 만나 자연스럽게 자신의 개인 신앙 간증을 먼저 나누도록 한다. 그리고 스마트폰 어플에서 '성경.is'(Bible.is)라는 성경 오디오 앱을 설치하도록 도와준다. 그리고 아랍어로 된 성경책, 파키스탄 회심자인 나빌 꾸라이시가 지은 책 아랍어판 『진리를 알지니 진리가 너희를 자유케 하리라』, 그리고 탕자의 이야기를 다룬 짧은 동화책 『집으로』 등을 선물로 나누어 준다. 이미 친구 관계가 이루어졌기 때문에 그들은 거절하지 않고 감사함으로 받는다. 그리고 나서 일대일로 만나 성경의 이야기들을 함께 나누며 복음을 전하도록 한다. 국내의 모든 MENA 출신 무슬림은 다 기독교인이 될 수 있다는 긍정적인 마음을 가지고 전도에 힘써야 한다. 그러나 피면담자 중에는 여전히 개인적으로 전도를 받아본 적이 없다고 응답한 사람이 많았다. 상대방의 현실적 문제부터 접근하여 접촉점을 마련하여야 한다. 솔직하게 다가가는 것이 그들의 마음을 여는 방법이다. 그리고 말보다는 행동 실천이 중요하다.

## 5 단계: 소수 사랑공동체 형성하기

무슬림들은 '움마'라고 하는 이슬람 공동체에 속했다는 사실에 자부심을 가지고 있다. 이미 언급한 것처럼 이슬람권에서의 잦아들지 않는 테러, 동족끼리 살상을 멈추지 않는 내전, Covid-19 와 같은 팬데믹, 그리고 다양한 자연재해 상황 속에서 이 공동체는 서서히 힘을 잃어가고 있음을 본다. 이러한 어려움에 당한 무슬림들을 이슬람 국가들이 무슬림이라는 공통의 요소를 내걸며 보호하거나 도와주는 선례가 거의 없기 때문이다. '움마가 더 이상 나를 돌볼 수 없다!'고 느끼는 현대의 무슬림 세대를 보며 필자에게 든 생각이 있다. '맞다, 교회가 움마보다 더 뛰어난 사랑공동체라는 사실을 무슬림들이 알게 된다면, 예수님의 사랑에 감격하며 그들이 하나님 아버지께 돌아올 것이 아닌가!'라는 생각이었다. 무엇보다도 우리나라에 와 있는 아랍 무슬림들의 얘기를 들어보니, 자기들이 먹을 것, 입을 것, 잠잘 곳이 없고, 아파서 고통을 당할 때, 외로울 때 친구가 되어 준 사람은 대부분 기독교인이었다고 했는데, 이 사실은 필자에게 '움마보다 더 뛰어난 소수 사랑공동체를 세워야겠다'는 다짐을 하게 만들었다. 이것이 당연히 교회가 추구해야 할 사역의 목표가 되어야 한다.

# 8

## 소수 사랑공동체 형성하기

# 소수 사랑공동체 형성하기

## '움마'의 이상적인 형태

대부분의 무슬림들은 그들의 대(大)움마인 '다르 알이슬람'이 모욕을 당하고 있으므로 반드시 회복되어야 한다는 고도의 정치적 인식을 하고 있다. 오늘날 이슬람의 원리주의, 근본주의, 급진주의를 따르는 테러리스트의 지하드 운동이 모두 이슬람의 전성기로 되돌아가자는 구호를 외치고 있는 이유이다. 샘 쉴로르프(Sam Schlorff)는 이슬람교에서 '움마'의 이상적인 형태를 다음과 같이 설명하였다.

> 움마는 그 성격상 종교-정치적이며 특정한 문화적 전통과 언어로 이어져 있다. … 이 신정 공체(公體)는 샤리아법에 따라 세워지고 다스려진다. … 무슬림의 사고에 있어서 종교적인 연합은 본질적으로 그 국적과 동일하며, 이는 정치적이며 문화적인 연합과도 동일하다. … 이슬람 세계는 실제로 여러 독립된 이슬람 국가로 나뉘어져 있지만, 하나의 이슬람 움마는 여전히 실현될 수 있는 생생한 이상형이다.[1]

이슬람권에서 선교하려면 움마보다 나은 하나님 나라의 공동체를 형성하려는 비전을 가지고, 무슬림들로 하여금 그리스도를 믿어 그의 제자가 되도록 훈련하는 일이 중요하다. 무슬림들은 선행을 통해 구원을 받는다는 신앙체계 안에서 살아온 사람들이어서 은혜로 구원받는다는 확신을 갖는 것이 쉽지 않다. 쉴로르프는 그리스도께 헌신한 무슬림은 네 가지 주요 영역들(교리, 헌신, 사역, 인격)에서 제자가 되어야 한다고 했는데, 은혜로 구원받는다는 확신을 갖는 것이 어려운 사람들일수록 제자화하는 데 많은 시간의 투자가 필요하다고 했다.[2]

## '움마'에 뒤지지 않는 공동체, 디아스포라 교회

디아스포라는 자신들의 본토를 떠나 영구적으로 혹은 장기간 다른 나라에 뿌리를 내린 사람들이며, 디아스포라 교회는 그들이 모인 교회이다. 하지만 한국 내에 거주하는 MENA 출신 무슬림들 중에는 장기간 머무는 사람들 외에도 난민, 유학생과 연수생, 노동자, 파견 공무원, 기업 투자 및 무역 경영 등을 위해 단기간 머무는 사람들이 많다. 이들을 위한 교회도 디아스포라 교회의 일종으로 보아야 한다. 무슬림, 특히 국내 거주 아랍 무슬림을 위한 교회개척 전략에 있어서 중요한 점은 개척한 교회가 결코 움마에 뒤지지 않는 사랑의 신앙공동체임을 인식할 수 있도록 도와주는 일이다. 데이브 카신(Dave Cashin)은 "언어종족에 따른 접근은 하나의 큰 교회에서 만남을 가지는 전형적인 많은 작은 그룹들로 시도되며, 그들 그룹끼리 분리된 만남을 유지한다. … 가정 교회는 무슬림들에게 복음을 전파하기 위한 중요한 요소가 되고 있다"[3]라고 했다. 카신이 사용한 교회에서의 사역형태 구분법에 따라 무슬림 디아스포라 교회개척 사역에서 가능한 교회개척 모델을 필자는 다음의 <표 4>와 같이 다시 구분하였다.

표 4. 단일문화 교회와 다문화 교회개척 모델

|  | 전통적인 교회 | 가정 교회 |
|---|---|---|
| 단일문화 교회 | 이 세상의 대다수 교회 | 주변 여건이나 변화에 맞추어 가정 셀 중심으로 일어나고 있는 교회 |
| 다문화 교회 (무슬림 디아스포라 교회) | 온누리교회/수영로교회와 같은 대형교회들, 대부분의 언어별 이주민 교회 등과 같이 크지는 않으나 기존 교회 구조 안에서 가지는 모임 | 작은 규모로 이루어지는 현지인들만의 모임 |

## 건강한 소규모 공동체

교회에는 많은 종류의 공동체들이 있는데, 빌 헐(Bill Hull)은 서로를 향한 공동의 책임을 위한 가장 강력하고 건강한 환경은 서로를 향한 사랑과 도움을 제공해 줄 수 있는 소그룹이라고 했다. 그러면서 "5명 내지 16명으로 구성된 소그룹이 공동체를 형성하기 위한 가장 좋은 토론장이 되며, 제자를 삼기 위한 가장 적절한 환경이 될 수 있다"[4]라고 했다. 빌 헐은 소그룹을 위한 기본적인 다섯 개의 원리를 다음과 같이 말하고 있다.[5]

- 계획적이 되라.
- 틀을 마련해 주라.
- 친밀감을 추구하라.
- 외부활동을 계속하라.
- 재생산을 위해 헌신하라.

로드니 스타크(Rodney Stark)는 AD 40년에 로마 인구의 0.0017 퍼센트였던 기독교인(약 1,000여 명의 기독교인이 있었다고 추산)이 AD 350

년에는 전체 인구의 56.5 퍼센트인 33,882,000 여 명이 됐다고 발표했다.[6] 레베카 루이스(Rebecca Lewis)는 기독교가 이렇게 급속하게 성장할 수 있었던 이유는 적어도 두세 명 이상의 친밀한 공동체가 강력하게 형성된 것 때문이라 했다.[7] 국내에 세워져야 할 신앙공동체도 사랑으로 친밀함을 누릴 수 있어야 한다. 이와 같은 성장의 이유 외에도 루이스는 세속적인 교육, 초자연적 현상, 개방된 네트워크, 문화적 지속성, 신자들의 용기와 믿음에 대한 크나큰 대가, 여성들, 도시화, 도덕적 통찰력 등을 제시했는데[8], 국내 거주 아랍 무슬림을 위한 교회도 이러한 요인들로 성장할 수 있을 것이다.

아랍 문화 자체가 대가족들을 중심으로 모여 지내는 형태이므로, 이는 교회의 형태에 중대한 영향을 미칠 수밖에 없다. 필자와 인터뷰를 한 아랍 BMB 들은 모두 작은 그룹, 작은 교회, 작은 가정 교회를 편안하게 여기며 좋다고 생각하고 있었다. 그러므로 이들과 함께 만나려면 소규모의 모임 공동체를 운영하는 것이 바람직하다. 무엇보다도 이러한 작은 공동체가 움마 공동체를 뛰어넘는 사랑의 공동체임을 보여야만 지속적으로 이 공동체 안에 몸을 담고 지내게 될 것이다. 그리고 이 공동체 안에서 성경공부를 통하여 이슬람 세계관과 그동안 세뇌된 이슬람의 잘못된 교육 내용이 믿음 성장에 부정적 영향을 미치지 못하도록 훈련하여야 한다. 특히 율법 준수와 선행만으로는 구원받을 수 없음을 가르쳐야 한다.

이러한 신앙공동체가 바로 빅터 터너(Victor Turner)가 제시한 '완전한 공동체', '가장 이상적인 공동체'인 코뮤니타스(communitas)[9]라고 볼 수 있다. 로버트 뱅크스(Robert Banks)에 따르면, 이러한 공동체는 온 교회가 모인 경우에도 구성원들 사이에 서로 친밀한 관계를 발전시키기에 충분할 정도로 그 규모가 작았으며, 가정에서 모이는 환경을 유지하는 한, 모임의 수는 분명 제한되었다.[10] 그는 "바울이 그리스도인 공동체를 가족(권속)으로 비유한 것을 다른 어느 은유보다도 중요하게 여겨야 한다"[11]라고 했다.

누군가가 같은 공동체에 속했다는 말은 그 공동체의 구성원과 서로 한 가
족이 되었다는 뜻이다. 가족의 중심에 사랑과 돌봄이 차지하고 있음은 말
할 나위도 없다. 바울도 그의 서신 여러 곳(롬 13:8, 15:1; 고전 12:25-26;
갈 6:2; 빌 1:8, 2:1-4, 12; 골 3:12-14; 살전 3:12 등)에서 각 교회 공동체를
향한, 즉 하나님의 가족(권속)을 향한 관심과 사랑을 기록하고 있다.

## 가정 교회의 유익

쉴로르프는 무슬림 개종자들을 향해 다음과 같은 가정 교회의 유익 여
덟 가지를 전해주고 있다.[12]

- 개종 전 집에서 모이는 사원(모스크)에 속해 있었던 무슬림이라면, 하나님을
  예배하는 일에 가정이 사용되는 것에 친숙해 있을 것이다.
- 가정은 새 개종자들이 이슬람으로부터 벗어나는 데 있어서 보다 편안하고 안
  정감을 갖는 데 도움을 준다.
- 가정은 따뜻한 친교를 격려한다.
- 가정은 무슬림 친구들을 전도할 수 있는 이상적인 센터를 만들어 준다.
- 가정은 사역에 대한 훈련 센터로 사용될 수 있다.
- 가정 교회는 평신도들에 의해 예배가 인도되기 때문에 새 개종자들이 다양한
  활동에 참여하면서 그들의 은사들을 발견하게 되고 실천하게 된다.
- 가정 교회는 기존 교회들 안으로 통합되는 것보다 구성원들의 현실적인 필요
  들을 채우는 데에 더 신속하게 움직인다.
- 가정은 자녀들이 언약의 자녀들로서 주님을 경외하고 주의 훈계 안에서 양육
  되는 이상적인 장소이다.

패트릭은 "초대교회는 소수가 모이는 가정 교회로 구성되었는데, 21 세
기 교회도 그 모습을 닮아야 한다"[13]라고 했다. 김요한은 신약시대 당시의
가정(오이코스, οἶκος) 안에 있던 교회는 핵가족보다도 훨씬 광범위했으

며, 친구들, 동업자들, 의뢰인, 고용된 노동자들과 지주 및 노예들까지도 포함되었다[14]고 했다. 오늘날도 이러한 형태의 가정 교회는 문화적으로 소수 공동체 정신이 강하여 주변에 흩어져 있는 사람들에게 드러내 놓고 개종한 사실을 알릴 수 없는 개종자들에게 아주 안정된 환경을 제공해 줄 수 있을 것이다.

## 공동체 속의 여성 리더십과 남녀평등

한편, 에블린 힙버트(Evelyn Hibbert)는 BMB로 이루어진 교회라 해도 성별로 잘 나뉜 교회라야 여성들의 영적 리더십과 기독 여성의 영역을 개발하는 데 방해가 되지 않는다고 주장하였다.[15] 원래 이슬람 사회 자체가 모임에 있어서 남녀를 구분하는 것이 표준 규범이기 때문에 이를 따르는 것이 좋다고 여긴 것이다. 실제로 여성들의 역할을 다음과 같이 설명하기도 했다.

> 여성들은 충고를 듣거나 복을 받기 위해 다른 여성들을 적극적으로 불러 모으며… 다른 여성들을 가르칠 때 대개 참가자들의 실제적인 관심에 집중하여 비공식적으로 행한다. … 여성들은 사적인 공간 안에서 그들 자신의 모임을 인도하고, 의식을 실행하고, 서로를 가르치며, 서로의 필요를 지원해주며, 공동체의 필요를 함께 알린다.[16]

바로 이러한 관계적이고 총체적인 여성들의 리더십을 잘 이해하여 BMB를 위한 교회개척 전략에 적용해야 할 것이다. 또한 "예수 그리스도를 만나고 그 안에서 믿음이 자라고 영성이 개발되어야 한다면, 여성들도 여성 나름대로 안전하고 편안하게 느끼며 걱정거리나 방해요소가 없는 장소에서 훈련이 이루어져야 할 것이다."[17] 특히 남녀의 불평등이 존재하지

않는 공동체의 실현방법을 연구해야 할 것이다. 힙버트는 계속하여 다음과 같이 주장했다.[18]

> 이슬람 사회는 공공장소에서 양성이 만날 때 질서가 유지되는 메카니즘을 개발해 왔다. 그러나 이러한 메카니즘이 종종 선교사들이 개척한 교회 안에서 무시된 이유는 사회적 질서에 따른 관계와 공간의 중요성을 이해하는 데 실패하기 때문이다. … 남자와 여자가 분리되어 만날 때, 사적인 영역의 본래 모습과 공공질서는 유지되고 참가자들은 안전하게 느끼며 그리스도를 존중하는 공동체를 세우는 데 집중할 수가 있다.

사실 여성 인권에 대하여 이슬람은 많은 비난을 받아왔다. 꾸란에 나타난 결혼을 통해 본 여성관, 그리고 꾸란을 바탕으로 한 이슬람법의 비인격적 여성관은 분명 기독교의 성경적 여성관과 판이하게 다르기 때문이다. 김일권은 무함마드가 여성 인권을 위해 여성 생매장 제도를 폐지했다[19]고 했는데, 21 세기에도 이슬람 공동체에서는 남녀가 피차 드나들 수 없도록 공간을 나눈 곳이 많다거나 여성의 교육받을 기회를 제한하거나 가부장적 남성의 권위에 순응하도록 하거나 이혼 절차에 있어서 여성에게 불리하게 적용하는 점들이 많은 것은 사실이다. 그러므로 교회 공동체에서는 이러한 남녀 간 불평등이 해소될 수 있도록 장소와 프로그램과 규범 등이 새로워져야 한다.

## 소수 사랑공동체 장소

필자의 논문을 통해서 확인된 바는 MENA 출신 무슬림들은 한국교회에 대한 부정적인 내용과 이슈들에 대해서는 전혀 들은 바가 없다는 것이다. 반면에 교회에 대해서는 정숙하지 못한 생활방식과 도덕성의 해이, 낮은 존경심, 이슬람 문화에 대한 멸시 등으로 무슬림에게 장벽이 될 수 있다는 견해를 비추었다. 그러므로 우리는 이들에게 교회는 성결하며, 무슬림들에게 평안과 보호와 도움을 주는 곳임을 알려야 한다. 국내에 있는 무슬림들은 무조건 교회를 싫어하고 비판하고 있는 것이 아니다. 도리어 교회에 대해 긍정적인 생각을 많이 하고 있음을 알고, 그들에게 자신 있게 다가가야 한다. 그렇다면 이러한 소수 사랑공동체가 모일 장소는 어디에다 언제쯤 마련하는 것이 좋은가? 장소는 아랍인들이 많이 거주하는 지역(안산, 시흥, 인천, 포천, 양주, 음성, 진천 등)이나 그 지역에서 대중교통, 특히 지하철(전철)로 접근이 용이한 지역이어야 한다. 왕복 2-3 시간이면 아랍인들은 멀다고 느끼지 않고 참석할 수 있다. 그러나 왕복 4-6 시간이 걸리는 대중교통으로 찾아오라 한다면 모임에 상당히 지장이 있으리라 본다. 그리고 장소는 한두 명 관심자나 회심자가 생겼을 때 그들을 우선 정기적으로 만나 교제하며 훈련하는 목적에서 필요하므로 그리 서두를 필요는 없다고 본다.

필자는 이 공동체 모임 장소를 아직 마련하지 못했지만, 이름을 미리 지어 놓았다. 국내 이주민(디아스포라) 사역을 위해 장소를 운영하는 사역자들은 나름대로 그들의 사역센터에 걸맞은 이름들을 사용해 오고 있다. M 센터, 피난처, 다애(多愛) 미션센터, 사마리안 하우스, 원뉴맨(One New Man) 공동체, 램프 하우스(Lamp House), 에버그린 펠로우십(Evergreen Fellowship), 월드 네이버(World Neighbour) 등…. 모든 이름이 다 이주민들을 사랑하고, 그들의 피난처가 되고, 사랑을 많이 베푸는 선한 이웃이 되기를 소망하는 이름들이다. 또한 새로운 사람으로 거듭날 한 사람을 목표로 하고, 빛을 비추는 등대의 역할을 감당하며, 세상의 이웃이 되기를 소망하는 이름들이다. 이 모두가 이주 무슬림을 섬기는 장소가 되길 소망하는 예쁜 마음을 담은 이름들이다. 필자는 MENA 출신 무슬림들에게 앞으로 운영할 센터가 복음의 빛, 생명의 빛, 사랑의 빛, 하나님의 영광의 빛이 가득한 집이 되기를 원하는 마음에서 '베이툰 누르'로 정하였다. 아랍어로 '베이트'는 히브리어에서처럼 '집'을 뜻하며, '누르'는 '빛'이라는 뜻이다.

# 9

'형제사랑 윤활유' 치기

# '형제사랑 윤활유' 치기

## 무슬림의 회심 동기와 배경

5장에서 살펴보았지만 무슬림들이 어떤 상태에서 이슬람을 떠나며, 또 그 과정은 어떠한가를 다시 한번 살펴보는 것은 중요하다. 인쇄된 이야기와 온라인에 올려진 간증과 개종자와의 인터뷰를 분석한 무슬림 학자인 무함마드 하싼 칼릴(Mohammad Hassan Khalil)은 다음과 같은 결론을 내렸다. 개종에 관한 이야기는 주로 가명을 썼으므로 위조되었을 가능성이 많으며, 개종자들은 이슬람에 대해 얕은 지식을 가졌을 뿐이다. 그리고 지적/사고적인 동기와 경험적/사회적인 동기가 불균형을 이루며, 이슬람에 대한 헌신이 흔들리거나 희미한 자들이 이슬람을 떠났다는 것이다. 그는 인터뷰를 통하여 '지적이며 사고적인 동기'로 이슬람을 떠난 이유들을 아래와 같이 열거하였다.[2]

- 이슬람에서의 여성의 지위
- 샤리아와 인권 사이에서의 모순
- 꾸란의 문제성
- 무함마드와 다른 무슬림 지도자들의 품성
- 비논리적이고 비과학적인 이슬람
- 착한 비무슬림의 영원한 파멸

- 이슬람의 불필요하고 엄격한 규율과 기대
- 우주적이지 않고 아랍 중심적인 이슬람
- 꾸란과 하디스의 모호한 역사성

그리고 '경험적이며 사회적인 동기'로 이슬람을 떠난 이유들을 아래와 같이 열거하였다.[3]

- 악하고 잔인한 무슬림들을 만남
- 공격적인 무슬림들
- 퇴보적인 무슬림들
- 여자를 잘못 취급하는 무슬림들
- 비무슬림을 잘못 취급하는 무슬림들
- 자신들의 종교와 관련하여 착각상태에 있는 무슬림들

## 자그마한 형제사랑의 행위

칼릴은 크리스찬 작가로 알려진 바잔(S. V. Bhajjan)의 말을 인용하면서 개종의 두 가지 주요 동기를 "이슬람에서의 여성의 지위와 무슬림이 잔인하고 공격적이며 퇴보적이라는 생각"이라고 주장하였다. 그리고 이러한 동기로 이슬람을 떠난 자는 주로 무신론자나 불가지론자나 기독교인이 된다고 했다.[4] 하지만 바잔이 언급한 '자그마한 형제사랑의 행위'가 무슬림의 회심에 지대한 영향을 끼쳤음은 필자의 질적 조사 분석에서 발견할 수 있다. 바잔은 다음과 같이 말하였다.[5]

나는 지금까지 예수 그리스도의 아들 되심(Sonship)과 구속과 삼위일체 교리 설명을 가능케 한 어떤 크리스천들이 있어서 예수 그리스도를 자신의 주요, 구주로 영접한다고 고백한 어느 무슬림 개종자도 만나 본 적이 없다. 개종은 항상 무슬림의 마음을 움직이도록 한 어떤 크리스천의 자그마한 형제사랑의 행위를 통해서였다.

실제로 MENA 출신 무슬림들을 위해 사역하는 사람은 형제사랑이야 말로 무슬림이 회심하도록 이끄는 가장 강력한 힘임을 알고 실천에 옮겨야 한다. 무슬림 학자인 칼릴은 위에서 언급한 것처럼 무슬림의 주된 개종 이유가 '자그마한 형제사랑의 행위' 때문이라는 바잔의 말을 인용하며 비난했는데, 이는 크리스천으로서 비난받을 만한 일이 아니라 더욱더 권장되어야 할 일이다. 실제로 MENA 출신 무슬림들은 한국 내에서의 어려움을 이겨내는 방법으로 인터넷이나 외국 친구들의 도움을 받는 경우가 있었으나, 대부분은 한국인 친구들의 도움을 받아 해결하고 있었다. 그리고 참으로 감사하게도 어느 정도 예측은 할 수 있었으나, 이들을 돕는 대부분이 기독교인이라는 사실이 확인되었다. 친절하고 잘 도와주는 한국 친구들과 영원히 친구로 남고 싶고, 온 맘 다해 영원히 한국을 사랑하겠다는 고백도 있었다. 그러나 의사소통이 어려워 친구가 적다는 응답자도 있었다. 그러므로 질병과 가난, 과중한 업무, 적응하기 어려운 날씨와 음식, 비자 문제 등으로 어려움에 처한 자들에게 사랑과 친절을 베푸는 것이 가장 중요한 교회개척 전략이 될 것이다. 인터뷰 응답자들이 구제와 사랑이 있는 교회가 좋은 교회의 모습이라고 고백한 것처럼 이들이 언급한 구제와 사랑이야말로 무슬림들이 자기들의 정체성을 가지고 앞으로 나아가도록 부드럽게 연계해(bridging) 주는 윤활유(lubricant) 같은 역할을 할 것이다. 이제는 우리나라에 살고 있는 20만 명 이상의 무슬림들에게 누구든지 다가갈 수 있도록 '이슬람' 포비아에서 벗어나야 한다. 어떻게 벗어날 수 있는가? 그 방법은 무슬림을 사랑으로 품는 방법밖에 없다.

세상 사람들이 교회를 조롱하는 내용 중 하나는 교회가 사랑이 부족하다는 것이다. 그러나 제자훈련을 통해서 키워지는 형제 의식은 새로운 가족 공동체를 형성하여 이슬람 공동체인 움마의 역할을 뛰어넘어 서로의 어려움을 도와주며 화목하게 지내도록 도울 것이다. 이처럼 지상(地上)의 교회는 반드시 성경의 원리들로 돌아가 현재의 문화적 상황에서 그리스도가 맡기신 지상(至上)명령을 가장 잘 수행할 수 있는 하나님의 백성 공동체로서 전 세계에 있는 사람들에게 본을 보여야 한다.

# 10
## '아랍어 접착제' 붙이기

# '아랍어 접착제' 붙이기

## 아랍어는 아랍 문화와 세계관을 이해하는 도구

한국인과 MENA 출신 아랍 무슬림들 사이의 유사한 문화와 다른 문화가 무엇인지를 알고 접촉해야 함은 이미 앞에서 강조하였다. 한국교회는 무슬림 대하는 법을 훈련시켜 달라고 요청한 무슬림들의 말에 귀 기울여야 한다. 아랍인들은 친한 인간관계를 중요시하므로 만나면 사무적인 일을 먼저 처리하려는 자세가 아니라 우선 그들의 안부를 묻고, 관심사를 묻고, 접대를 하며, 존중하는 자세를 가져야 할 것이다. 그러면서 운명을 수동적으로 받아들이는 그들에게 그들이 부러워하는 한국의 종교의 자유와 선택의 기회를 소개하며, 열린 마음으로 다가가야 할 것이다. 아울러 자신들의 문화에서는 부족한 질서와 안전과 청결, 시간과 법을 준수하는 자세를 배워 나갈 때 한국에서의 삶이 수월할 것이라는 점도 알려야 할 것이다.

아랍어는 아랍 문화를 알고 그들의 세계관을 이해하는 도구이다. 아랍어를 말하면 언제든지 곧바로 그들의 가까운 친구가 될 수 있다. 아랍어가 준비되어 있어야만 그들과 의사소통이 잘 이루어질 수 있다. 교회에 출석하는 사람들이 꼽은 교회 출석의 가장 큰 유익은 예배하며 하나님 말씀을 배우며 아랍 신자들을 만나는 것이라고 했다. 그런데 아랍어 예배가 잘 준비된 곳이 적으니 교회 출석을 더 꺼릴 수밖에 없다. MENA 출신 기독교인들은 아랍어 예배를 드리는 많은 교회가 있었으면 좋겠으며, 초청할만한 아랍 설교자들도 많으니 그들을 초청하자고 제안했다. 그리고 성경도 한국어나 영어가 아닌 아랍어 성경을 사용하자고 했다. 자신들이 사역자들에게 아랍어를 가르쳐 주겠다고도 했다. 그들의 말대로 주변을 의식하며 아랍성경 배부를 두려워해서는 안 되겠다. 사역자가 제안한 대로 아랍어 성경보급소를 정하여 운영할 필요가 있다.

아랍 무슬림들과 이런 관계를 맺으며 지내기 위해서는 바로 그들의 모어(母語)인 아랍어로 다가갈 때 가장 큰 효과를 거둘 수가 있다. 아랍어는 우리와 그들의 관계를 돈독하게 해 주는 접착제와 같은 역할을 하기 때문이다. 언어에는 그 언어를 사용하는 사람들의 문화가 녹아 있다. 그러므로 아랍어를 알고 아랍 문화에 익숙한 사역자들을 교회개척팀에 배치하여 사랑의 가교(架橋) 역할을 넘어 결속(bonding)의 방편으로 쓰임 받도록 하는 것이 중요하다. 북아프리카에서 하루는 동역자 한 분이 차가 고장 났다며 차를 끌어서 정비소에 가져다 달라는 부탁을 받고 밧줄로 차를 묶어서 정비소에 끌고 갔다. 정비소 주인에게 여기가 이렇게 고장 났으니 잘 좀 고쳐달라고 말을 건넸다. 그런데 갑자기 내 팔을 잡아끌더니 정비소 뒷문으로 가서 이렇게 말하는 것이었다. "네 친구 쟤는 나의 영원한 끌리옹(client, 고객)이지만 너는 나의 진정한 형제요, 가족이요, 친구다." "무슨 말이냐? 나는 오늘 당신을 처음 만났고, 이제 얼굴을 마주 대한 지 1 분밖에 안 됐다. 내 친구는 왜 너의 영원한 손님이고, 난 너의 형제요, 가족이요, 친구냐?"고 다시 물었다. 그 정비소 주인의 대답이 내 마음 한 곳을 깊숙이 찔렀다. "네 친구 쟤는 지난 3 년간 차가 고장 날 때마다 여기에 온 거 맞아. 그런데 그때마다 내게 영어로 말하고 불어를 조금 섞어서 말했지. 그런데 넌 오늘 내게 아랍어로 말하고 있잖아!" 결국 3 년을 알고 지냈다 하여도 자신들과 공용어만 사용하여 소통하면 영원한 고객이요 손님으로 취급하지만, 자신들의 모어인 아랍어로 다가가면 1 분도 안 되어 당장 끈끈한 형제요 가족이요 친구라고 여기는 이들이 MENA 지역 사람들이다. 아랍인들은 국내에서 살면서 가장 큰 어려움이 의사소통, 즉 언어, 특히 아랍어가 통하지 않는 것이라 했는데, 이들을 이해하며 이들과 소통하기 위해선 비록 국내라 하더라도 처음에는 한국말이 아니라 그들의 말로 다가가는 것이 효과적이다. 물론 로마에 가면 로마법을 따라야 하듯이 우리나라에서는 이주민들이 우리말을 당연히 배우고 잘해야 한다. 이를 부인하는 말이 아니다. 그러나 아랍어는 우리와 아랍 무슬림 간의 관계 속에서 서로 원하는 바를 손에 넣을 수 있도록 결속해 주는 강력한 접착제 역할을 할 수 있다는 말이다.

## 어느 아랍어를 배워야 하나?

이렇듯 아랍 무슬림을 섬기기 위해서는 아랍어로 다가가는 것이 효과적이며, 그들의 마음을 움직일 수 있다면 아랍어를 배워보는 것도 그리 어리석은 선택은 아니라고 본다. 아랍 나라에서 살다가 왔고, 지금은 10 여 년 이상 국내에서 아랍어를 가르치고 있기 때문에 다음과 같은 질문들을 자주 듣게 된다.

### 아랍어 종류가 많다면서요?

1945 년 3 월 22 일에 일곱 개 국가(사우디아라비아, 이집트, 이라크, 시리아, 레바논, 요르단, 예멘)로 출범한 아랍국가연맹(League of Arab States)에는 2008 년 이후 중동과 사하라 사막을 끼고 있는 아프리카의 나라들까지 다 가입하여 22 개국이 속해 있다. 이 말은 국가 주요 구성원이 아랍인이면서 아랍어를 공용어로 쓰는 나라가 22 개국이라는 말이다. 그러므로

아랍어의 종류도 22 개 개별국가의 일상생활에서 쓰이는 것을 기준으로
한다면 모두 22 개라는 뜻이 된다. 이러한 각국의 일상생활에서 쓰이는 아
랍어를 지역에 따라 '암미야' 혹은 '대리자'라고 부르는데, 이를 우리말로
는 구어체 아랍어나 회화체 아랍어로 번역하여 쓰고 있는 실정이다. 여기
에 '푸쓰하'라고 하는 아랍어가 하나 더 더해져서 총 23 개의 아랍어가 있
다고 보면 된다.

## 22 개국 아랍 사람들은 서로의 아랍어를 알아듣나요?

우리나라에는 남북을 통틀어 표준어(표준어 규정 제 1 장 총칙의 정의:
교양 있는 사람들이 두루 쓰는 현대 서울말)를 제외하면 8 도 방언
(Dialect: 평안도, 함경도, 황해도, 강원도, 충청도, 경상도, 전라도, 제주도)
이 있는데, 한국 사람이면 전국 어디를 가나 어느 정도는 알아들을 수가
있다. 비록 억양이 다르고, 동사의 종결어미 형태가 다르더라도 한국말이
라서 8 도의 음소(phoneme)가 모두 같아서 달라지는 소리(Phone, 음성)를
정확히 다 인식할 수가 있기 때문이다. 게다가 한국 사람끼리는 말만 들어
도 서로 영남 사람인지 호남 사람인지 이북 사람인지를 구별할 수가 있다.
단지 지역 간에 표현하는 용법이 달라 모르는 단어들과 관용표현들이 있
기 마련인데, 이때는 "그게 무슨 뜻이냐?"고 물으면 다른 소리로 설명을
해 주게 돼 있고, 그러면 이해하는 데에 어려움이 없게 된다. 우리가 가장
알아듣기 어렵다는 제주 방언을 들었을 때도 모르면 "그게 무슨 뜻이냐?"
고 계속 물어나가다 보면 의사소통을 할 수 있게 된다. 예를 들어 서울에
서 경상도로 시집을 간 며느리는 시어머니가 '정구지' 좀 다듬어 씻으라고
할 때 '정구지'가 무엇인지 몰라서 되묻게 마련이다. "어머님, 정구지가 뭐
예요?" 그러면 '부추'도 모르냐며 핀잔을 들을지는 모르지만, 설명을 들으
면 알아듣고 '정구지'를 다듬고 씻어 요리한 후에 밥상에 올릴 수 있게 된
다.

이처럼 22 개 아랍어도 언어학적으로 볼 때, 개별적 특성을 지닌 22 개 아랍 방언이라 할 수 있다. 그러나 22 개 아랍 방언도 우리말처럼 각국에서만 따로 자주 쓰는 단어나 표현, 발음, 억양, 동사활용이 있어서 자기들끼리 서로가 대략 어느 나라 출신인지 비슷하게 알아맞힐 수가 있다. 즉, 22 개국의 아랍어도 28 개 철자로 대변되는 음소(phoneme)가 똑같으므로 나라마다 약간씩 소리(phone)가 다르더라도 다 알아듣게 되고, 모르는 단어나 표현은 그 뜻이 무엇이냐며 대화를 하다 보면 의사소통이 가능하게 된다.

## 아랍어 명칭을 구분하는 방법은 무엇인가요?

앞에서 언급한 23 개의 아랍어를 구분하여 통칭하는 이름들이 아래와 같이 그동안 사용되어 왔는데, 필자는 네 번째 구분방법을 제안한다.

1) 현대표준 아랍어(Modern Standard Arabic, MSA)와 아랍어 방언 (Lahjah+아랍국가명)

'표준 아랍어는 지구상에 없다'는 K 교수의 말에 전적으로 동의한다. 아랍인들이 '푸쓰하'라고 하는 것을 영미권에서는 '현대표준 아랍어'(Modern Standard Arabic, MSA)라고 하는데, 이는 오래전에 꾸란에 기록된 아랍어보다는 현대에 쓰이고 있으므로 현대(Modern)라는 수식어가 붙었고, 22 개국 모두에서 교육받은 교양 있는 사람들이 쓰고 있으므로 표준(Standard)이라는 수식어를 붙였다고 볼 수 있다. 그러나 아랍 나라라 하더라도 중/고등 교육을 받지 않아 '푸쓰하'를 잘 모르는 사람이 많다. 그런데 표준 아랍어라는 말을 쓸 경우에 이들을 표준 언어에 미치지 못하는 사람으로 치부해 버리게 되므로 표준 아랍어는 대부분의 아랍 사람들에게 그리 어울리는 용어라 할 수 없다. 이와는 반대로 각국의 '암미야'를 방언이

라 부르는데, 표준어라는 용어를 사용하는 것이 바람직하지 않다면 방언
이라는 용어도 사용할 필요가 없어지게 된다.

2) 문어체 아랍어(Written Arabic)와 구어체 아랍어(Colloquial Arabic)

문어체 아랍어와 구어체 아랍어로 구분하는 것도 적합하지 않다는 K
교수의 주장 또한 설득력이 있다. 왜냐하면 실제로 '푸쓰하'가 거의 모
든 서적이나 성경 등에 쓰이지만 대중 연설, 모스크에서의 설교, 방송의
뉴스, 국가 간 공식 회의석상이나 개인 간 대화에 사용되기도 하고, 반
면에 '암미야'는 일상생활의 대화에서 쓰이고 있지만, 만화나 요즘에는
SNS 상에서 글로도 많이 사용되기 때문이다. 그러므로 '푸쓰하'를 그냥
문어체 아랍어로, 각 국가의 방언인 '암미야'를 구어체 아랍어라고 부르
는 것도 충분하지 않다.

3) 고전 아랍어(Classical Arabic)와 공공/대중 아랍어(Public Arabic)

K 교수는 위와 같은 이유로 일상생활에서 공공의 목적을 위해 사용하
는 아랍어를 공공 아랍어 혹은 대중 아랍어(Public Arabic)라고 부르는 것
이 더 적절할지도 모른다고 했다. 반면에 '푸쓰하'를 고전 아랍어(Classical
Arabic)라고 부르면, 아랍 각국의 '암미야'가 '공공 언어(아랍어)'로 자리
잡을 수 있어 용어 사용에 있어 현실적인 해법을 찾는 데 도움이 된다고
보았다. 그러나 고전 아랍어라 부르면 성경의 히브리어나 헬라어처럼 꾸
란이라는 경전에서 쓰인 오래된 아랍어와 동일한 언어처럼 느끼며 이해할
소지가 있어서 피해야 한다고 본다. 반면에 공공/대중 아랍어는 충분히 사
용할 수 있는 이름이라고 본다.

4) 필자의 제안: 공통 아랍어(Common Arabic)와 개별국가 아랍어(Each National Arabic)

필자는 북아프리카의 아랍국에 오랜 기간 살면서 그 나라의 '암미야(대리자)'를 사용하기보다는 늘 '푸쓰하'를 사용하였다. 필자가 만나는 사람들은 주로 아랍 사람이 아닌 소수종족 출신이었는데, 이들의 모어는 B 어이다. 이들은 '암미야'를 배우기 이전에 초등학교에 들어가서 아랍어(푸쓰하)를 먼저 배운다. 이들은 위성 TV 의 수많은 아랍국가 채널에서 '암미야'를 사용하는 드라마와 영화나 토크쇼를 시청하면서도 끊임없이 진행되는 정규 뉴스와 이슬람 강연 등을 '푸쓰하'로 접하고 있다. 외국인을 위한 언어학교에서 '푸쓰하'를 배운 필자와 이 사람들 간에 제일 우선하는 공통 언어는 '푸쓰하'밖에 없었기 때문에 자연스럽게 생긴 일이었다.

그래서 필자는 아랍어를 두 개로 구분할 수 있다면, 아랍 어느 나라에서든지 배운 사람이라면 공통적으로 사용할 수 있는 '푸쓰하'를 '공통 아랍어'(Common Arabic)라 부르고, 22 개 개별국가 안에서 사용하는 구어체 아랍어를 '개별국가 아랍어'(National Arabic)로 부르면 된다고 생각한다. '푸쓰하'를 공통 아랍어로 불러야 하는 이유는 모든 아랍 사람들이 다 말하거나 말할 수 있는 아랍어는 아니지만, 모든 아랍 나라에서 학교를 다녔건 다니지 않았건 누구나가 공통적으로 접할 수 있는 아랍어이며, 교육받은 사람이면 모든 아랍 나라에서 누구나 어느 정도는 이해할 수 있고 공통적으로 공유할 수 있는 아랍어이기 때문이다. 반면에 개별국가 아랍어는 이집트 아랍어(Egyptian Arabic), 튀니지 아랍어(Tunisian Arabic), 이라크 아랍어(Iraqian Arabic), 모로코 아랍어 (Moroccan Arabic)처럼 22 개 아랍 국가의 이름을 앞에 붙여 사용하면 혼동할 필요가 없기 때문이다.

### 공통 아랍어와 개별국가 아랍어의 큰 차이점은 무엇인가요?

가장 큰 차이점은 개별국가 아랍어는 공통 아랍어를 단순화한 것이라 할 수 있다. 공통 아랍어에는 쌍수를 포함하여 13 개의 인칭대명사가 있다. 동사 하나가 시제나 태에 따라서 13 개의 인칭에 따른 동사로 변화하니, 그 동사 활용의 수가 헤아릴 수 없이 많다. 명사의 복수형도 규칙이 너무 많아 아랍인조차도 복수형을 제대로 알지 못할 정도이다. 그래서 쌍수를 없애는 등 인칭을 파격적으로 줄여 동사변형을 단순하게 했으며, 음절구조 (CV Pattern)에서도 자음에 붙이는 모음들을 많이 생략하여 발음을 훨씬 더 간결하게 만들었다. 그리고 개별국가 아랍어는 그 국가의 다른 공용어(영어나 불어 등) 어휘나 외래어를 많이 사용하여 더 대중적이며, 서로 간 편안하게 공유할 수 있는 언어가 되었다.

### 아랍어를 배우려면 어느 아랍어를 배워야 하나요?

이렇게 공통 아랍어와 개별국가 아랍어로 분류할 경우, 이제 우리는 어느 아랍어를 배워야 하는가 하는 질문에 다다를 수밖에 없다. 이제 어느 아랍어를 배워야 하며, 만약에 두 개의 아랍어를 다 배워야 한다면 어느 아랍어를 먼저 배워야 할지, 어느 아랍어에 더 집중해야 할지 고민하지 않을 수가 없다.

1) K 교수는 우리나라 아랍어 교과과정에서 '암미야'(대중 아랍어)를 반드시 가르쳐야 한다고 했다. 그렇다면 22 개 개별국가 아랍어 중에서 어느 나라 아랍어를 가르쳐야 하느냐는 질문이 이어질 수 있다. 현재 아랍국에서 가장 널리 알려진 아랍어는 이집트 아랍어이다. 왜냐하면 그동안 이집트가 가장 많은 아랍 노래나 영화, 드라마를 만들어 이웃 아랍 나라에 보급해 왔기 때문이다. 그러므로 '암미야'를 가르친다면 이집트 아랍어를 가르치는 것이 가장 유익할 것이다. 그러나 우리나라에서 서울과 경기 지방

의 표준말이든 8도 방언 중 하나이든 하나만 확실히 할 줄 안다면 전국을 다니며 생존하는 데에 어려움이 없듯이, 어떤 사람이 공통 아랍어든 22개 개별국가 아랍어 중 하나만 잘할 줄 안다면 이 사람 또한 아랍 나라에서 의사소통하며 생존할 수 있으므로 반드시 어느 특정한 아랍국가의 아랍어를 가르칠 필요는 없다고 본다. 물론 지리적으로 멀어서 서로의 아랍어가 다르면 다를수록—제주도 방언을 알아듣지 못해 어려움이 있는 것처럼—고생이 심하겠지만 질문해 가며 또 사용하면서 익숙해지면 의사소통의 어려움은 점차 사라질 것이다.

2) 어느 아랍어를 배워야 하는지의 대답은 간단하다. 자신이 사는 나라의 아랍어, 자신이 만나는 사람의 아랍어를 배우는 것이 제일 중요하다. 어머니 젖꼭지를 빨면서부터 배우게 되는 그 나라(국가)의 아랍어야말로 그들의 마음을 가장 잘 이해할 수 있는 언어이다. 그러므로 그들과 소통하며 무엇인가를 주고받으며 살고자 한다면 자기가 살고 있는 국가, 자기가 만나고 있는 사람의 국가 아랍어를 배워야 한다. 그러나 공통 아랍어도 배우면 유익한 점이 참으로 많다. 왜냐하면 모든 서적(성경과 꾸란, 교과서, 출판물)과 관공서 서류나 각종 계약서가 공통 아랍어로 돼 있고, TV 정시 뉴스나 공식 회의, 많은 이맘의 설교, 아랍국가 밖의 교육기관에서 아랍어를 배운 외국인과의 대화 등이 모두 공통 아랍어로 이루어지기 때문이다.

3) 그렇다면 외국인 입장에서 두 아랍어 중에서 어느 아랍어를 먼저 배워야 하느냐는 질문이 나올 수밖에 없다. 개별국가 아랍어인 '암미야'를 먼저 배워야 한다는 의견도 있지만, 필자는 언어학적으로 볼 때 공통 아랍어를 먼저 배우는 것이 좋다고 생각한다. 왜냐하면 일단 공통 아랍어를 배우면서 아랍 문자에 익숙해지면 추가 지식을 습득하기에 유리하기 때문이다. 또한 문법이나 발음이 좀 더 단순한 언어(개별국가 아랍어)를 익힌 다음 거기에다가 더 복잡한 내용을 덧붙여 나가기보다는, 정해진 규칙이 가득 차 있는 언어형태(공통 아랍어)에서 동사활용이나 발음 등 불필요한(?)

것들을 제해나가는 것이 더 수월하기 때문이다. 게다가 개별국가 아랍어는 시장이나 카페 등 길거리 어디에서나 듣고 말할 수 있는 대상이 가득 차서 공통 아랍어보다 나중에 배워도 쉽게 익혀 나갈 수가 있다. 반면, 공통 아랍어는 유창하게 말할 줄 아는 현지 아랍인들을 많이 만나지 않는 한 연습할 기회는 그만큼 적어 익히기가 쉽지 않은 단점이 있다.

K 교수는 오늘날 아랍에서의 새로운 문제는 '암미야'를 아랍어 문자로 표기해서(어떤 나라에서는 로마자로 표기하기도 하지만) 쓰기 시작했다는 점이라고 지적하였다. 실제로 아랍국 사람들은 사회관계망서비스(SNS) 중에서 페이스북을 가장 선호하는데, 이러한 소셜 미디어에서 사용되는 언어는 대부분 개별국가의 아랍어인 경우가 많아서 어느 한 국가의 아랍어로 통일하기가 수월하지 않다. 더 오랜 시간이 지나면 어느 한 국가의 아랍어로 통일될 기미가 보일지….

아랍어는 한국말과는 문자나 발음, 어순, 문법 등에 있어 가뜩이나 다른데, 배우려면 어느 아랍어를 배워야 하는가를 고민해야 하며, 또한 그 아랍어를 어디에서 누구에게 배워야 하느냐는 어려움까지 있으니, 국내에서 아랍어를 사용하고 가르치는 필자는 위의 다섯 가지 질문들에 답하는 어려움이 이만저만이 아니다. 그러나 마지막으로 전하고 싶은 말은 이것이다.

공통 아랍어나 개별국가 아랍어 중에서 어느 한 아랍어만 잘해도 아랍인과 의사소통을 잘할 수 있다는 점을 꼭 기억하십시오. 그러나 이왕이면 두 개의 아랍어를 하는 것이 가장 유익함을 잊지 마십시오!

# 덧붙이는 말

　이제 '아랍 무슬림 디아스포라를 만나다'를 마무리하기 전에 앞 장들에서 언급한 내용을 포함하여 한 번 더 강조하고 싶은 내용을 쭉 나열하여 덧붙이고자 한다. 국내 무슬림을 위한 교회개척 사역자들을 포함한 독자들은 다음 사항들을 기억해야 할 것이다.

　첫째, 아랍 무슬림 디아스포라(MENA 출신 무슬림)들이 한국 내에서 겪는 가장 큰 어려움은 무슬림이기 때문에 겪는 종교적인 요소가 아니라 자기들의 모국어인 아랍어나 국제공용어인 영어나 불어가 통하지 않아 의사소통이 잘 안 되는 것이었음을 기억해야 한다. 그래서 아랍어라는 접착제를 발라서 이들과 끈끈한 관계를 맺는 것이 중요하다.

　둘째, 이들은 여전히 의사소통의 어려움, 과중한 업무와 추운 날씨, 할랄 음식의 부재, 거주 비자 신청과 획득 과정의 어려움, 취약한 인권 때문에 어려움을 호소하고 있다. 이러한 어려움을 이겨내는 방법으로서는 인터넷이나 외국 친구들의 도움을 받는 경우도 있으나, 대부분은 한국인 친구들의 도움을 받아 해결하고 있었고, 이들을 돕는 대부분은 기독교인이라는 사실을 기억하고 감사해야 한다.

　셋째, 한국인과 MENA 출신 무슬림들 사이의 문화와 세계관이 어떻게 다르고 유사한가를 기억해야 한다. MENA 출신 무슬림의 문화와 비슷한 우리나라 문화 중에서 몇 가지는 서서히 변하고 있는 중이다. 만약 한국의 문화가 MENA 출신 무슬림의 문화와 반대 방향으로 변해 버린다면 한국 교회가 이들과 관계를 맺는 데에 어려움이 생길 것이라 생각된다. 한국인은 질서와 안전과 청결을 중요시하고, 시간과 법을 준수하며, 열린 마음이 자기들과는 다르다고 생각하고 있다. MENA 출신 무슬림들은 한국을 인프라와 기술 발전이 자신들의 나라보다 우월한 기회와 비전의 나라이며, 다양한 종교를 인정하며 신앙의 자유가 있는 나라라고 인식하고 있다. 우리는 이들이 운명을 지나치게 받아들이며, 친한 인간관계를 중요시하며, 손님 접대를 잘하고, 타인을 존중하고, 노인을 존중함을 명심해야 한다.

넷째, BMB들은 모두 작은 그룹, 작은 교회, 작은 가정 교회를 편안하게 여기고 좋아함을 기억해야 한다. 그러나 이러한 공동체는 구체적으로 어떻게 형성이 되며, 어떤 모습이어야 하고, 어떻게 운영되어야 하는가라는 구체적인 연구가 필요하다. 특히 남녀의 불평등이 존재하지 않는 공동체의 실현방법도 연구해야 할 것이다. 그래야 MENA 출신 무슬림들을 위한 교회개척에 구체적인 도움을 줄 수 있을 것이다.

예상과는 달리 BMB들은 한국교회에 대한 부정적인 내용과 이슈들에 대해서는 전혀 들은 바가 없으며, 교회는 평안과 보호와 도움을 주는 곳이라 여기고 있음을 알아야 한다. 이들은 모두 이슬람은 거짓이요, 사랑이 없으며, 평화의 종교가 아니라 잔인하고 불안정한 종교요, 오행(五行)은 의미 없는 것이라 하였다. 그리고 서로 돕지 않으며, 성차별과 독신차별이 있고, 사람들을 잘못 이끌고 있으며, 왜곡되고 부정한 종교라 여기고 있었는데, 이들이 자신들이 전에 따랐던 이슬람을 얼마나 혐오하는가를 깊이 이해해야 한다.

다섯째, 무슬림들은 이슬람이 평화의 종교이며, 모든 종교는 같고, 예수와 기독교를 믿는다고 여기는데, 태어나면서부터 무슬림인 그들에게 예수를 믿는다는 개념이 기독교에서의 개념과는 다른 것임을 기억해야 한다. 국내에서 이슬람의 오행을 실천하는 데에는 어려움이 없지만, 피면담자들

중 3 분의 1 이상이 과중한 업무와 모스크의 부족으로 기도하지 못하고 있으며, 절반 이상은 그 어떤 종교적 모임에라도 나가는 일이 없으며, 금요일 기도모임에도 참석하는 이들이 적었다. 금식도 힘들어서 할 수 없고, 메카 순례도 형편이 되어야 할 수 있고, 구제도 능력에 따라 하는 것이라고 응답한 것을 볼 때, 무슬림은 어디에 살든지 다 오행육신을 철저히 믿고 따를 것이라는 일반적인 생각은 이제 바뀌어야 한다.

이들 중에는 기독교가 한낱 선지자인 예수와 잘못된 삼위일체론을 믿고 있고, 왜곡되고 변질된 성경을 믿는 종교라 하는 이들이 많지만, 어떤 이들은 기독교는 나쁜 종교가 아니며 평화와 자비와 정의의 종교요, 이슬람 이전부터 있었던 하늘의 종교라 말하며, 기독교인들은 성경을 믿으며 전도하는 사람들로서 친절하고 존경할만한 사람들이라는 견해를 가진 이들도 많았다. 그러나 기독교인들은 술을 마시고 돼지고기를 먹고 이슬람에 대해 나쁜 생각을 가지고 있으며 사치스러운 생활을 하며 부패했다고 여기는 이들도 있었음을 명심해야 한다.

여섯째, 무슬림이 회심한 이유는 대부분이 자신들을 사랑하고 도와주는 사람들을 통해서였다는 사실을 기억해야 한다. 도움을 준 이 사람들은 모두 MENA 출신 기독교인이거나 한국 기독교인이거나 외국 기독교인이었다. 사랑의 윤활유를 치는 것이 무슬림 회심의 중요한 동기가 되는 것을 명심해야 한다.

일곱째, 예수를 믿을 때의 어려움은 정부를 통해서나 직장이나 사회에서 위험하고 어려운 일을 당할 것이며, 가족과의 관계가 깨지는 것으로 생각하고 있음을 기억해야 한다. 일반적으로 무슬림들이 예수를 믿을 경우엔 무조건 100 퍼센트 핍박과 어려움이 있을 것이라 여겨 왔지만, 피면담자 절반가량은 전혀 문제가 없을 것이라 당당하게 말하였다는 사실도 새로웠다. 그러나 이는 어쩌면 종교의 자유가 없다고 비판을 받는 이슬람의 실태를 감추려 하는 의도가 있는 응답일지도 모른다.

여덟째, BMB와 무슬림이 생각하는 바람직한 교회의 모습이 무엇인가를 기억해야 한다. BMB에게 바람직한 교회는 삼위일체 신앙을 지키며 전도에 열심을 내며, 하나님과의 관계를 중요시하며, 세상의 소금과 빛, 생명과 진리의 터로서 가난한 자를 돕는 교회라 했다. 무슬림 응답자들 역시 가난한 자를 도우며 복음을 전파하는 교회가 인상적이고, 이런 교회가 매우 좋은 교회라고 생각하고 있었다.

아홉째, 한국은 안전하고 개발된 국가이므로 무슬림 이주민과 정치적 난민이 계속 증가할 것이며, 이로 인해 외국인 무슬림은 점점 많아질 것이지만 사회 종교적 관습이 많이 다르므로 한국인 무슬림은 증가하지 않을 것이라 전망한 사실을 기억해야 한다. 국내에 사는 무슬림들은 종교의 자유, 선택의 자유가 있어서 회심의 가능성도 있지만, 세속적인 것에 관심이 많고, 이미 그들 자신의 종교가 있기 때문에 증가하지 않을 것이라 예상했다. 그러나 이렇게 예상한 이유는 자신들이 회심하는 것을 원하지 않거나 회심하는 것을 체면이 깎인다고 생각하거나 두려워하기 때문이었는지 모른다.

열째, MENA 출신 국내 거주 무슬림들은 기독교인이냐 무슬림이냐를 떠나서 여러 가지 삶의 어려움에도 불구하고 계속해서 우리나라에 살기를 원하고 있음을 기억해야 한다. 안전과 평화, 법과 질서, 발전한 국가, 좋은 직장과 높은 수입과 우수한 교육, 종교적 자유, 친절함과 도움의 손길, 한국인과의 결혼 등이 머물고자 하는 원인이었다.

열한째, 무슬림을 위한 교회개척에 도움이 되는 내용에는 다음과 같은 것들이 있음을 기억해야 한다.

- 좋은 찬양 한 곡을 통해서라도 회심에 영향을 미칠 수 있다는 사실
- 훌륭한 아랍인 설교자들이 있으니 그들을 초청해서 집회를 가지자는 의견

- 교회가 나서서 가난한 자를 돕는 문화는 무슬림 가운데서는 서로 간에 일어나지 않는 현상이라면서 그만큼 교회의 구제와 사랑이 중요하다는 것을 강조한 점
- 복음을 전파하는 교회가 인상적이라는 말과 그들에게 무슬림 대하는 법을 훈련시키라고 제안한 점

열두째, MENA 지역에서 사역하던 일꾼들이 여러 가지 이유로 인해 점점 더 귀국하는 사례가 늘고 있다. 이로 인해 MENA 출신 무슬림들의 문화와 세계관을 이해하고 있는 이들이 국내에 거주하는 MENA 출신 무슬림들을 위해 사역할 필요가 점점 더 급증하고 있음을 기억해야 한다. 이들이 함께 네트워크를 형성하기 시작한 이 시점에 필요하다면 사역을 위한 조직을 만들고, 한국교회의 적극적인 지원을 받을 수 있기를 바란다.

열셋째, 앞으로 국내에서 MENA 지역 출신의 이주민/난민뿐만 아니라 세계 각 지역에서 입국한 국내의 모든 이주민/난민들을 위한 교회개척 전략들과 이에 따른 종합적인 보고서가 나올 수 있도록 끊임없는 연구가 필요함을 기억해야 한다.

# 나가는 말

대부분의 무슬림은 어려서부터 학교에서 이슬람 교육을 받음으로써 복음을 들을 수 있는 기회를 차단당하고 있기 때문에 성경을 통해 예수 그리스도의 가르침을 대할 수 있는 기회를 주어야 한다. 이러한 기회를 주는 동시에 실제로 자신의 삶을 기꺼이 내어주는 섬김을 통해서 그들은 그리스도를 바라볼 수 있게 된다. 한 인간을 종교적인 개종의 대상으로 보는 것이 아니라 하나님의 사랑이 필요한 피조물로 여기는 자세가 필요하다. 무슬림 미전도종족 가운데서 일하는 익명의 한 교회개척자는 2000년 *AJET*(*Afirica Journal of Evangelical Theology*)의 "Strategy for Reaching Muslims: Foundational and Contentious Issues"라는 글에서 "기독교인의 증거가 전적으로 무슬림을 이해하려 애쓰고 사랑 안에서 진리를 나누려 하지 않는 것이라면, 이러한 종류의 무슬림 전도는 오직 '쓴 열매'만을 거두게 될 것"이라고 했다.

'이슬람'과 '무슬림'은 각각 '항복, 복종, 포기', '항복한 사람'이란 뜻이라고 이미 설명하였다. 이슬람 국가에서, 그리고 무슬림 가정에서 태어나 평생을 무슬림으로 살아가는 이들의 세계관에는 '복종'이란 것이 항상 녹아 있다. 그러므로 이들이 자신들의 세계관에서 복종하고 따르던 알라와 무함마드를 떠나 다른 존재에 복종한다는 것은 그리 쉬운 일이 아니다. 한용운 시인의 "복종"이란 시가 이것을 뒷받침해 준다.

남들은 자유를 사랑한다지마는,
나는 복종을 좋아하여요.
자유를 모르는 것은 아니지만,
당신에게는 복종만 하고 싶어요.
복종하고 싶은데 복종하는 것은
아름다운 자유보다 더 달콤합니다.

그러나 당신이 나더러
다른 사람을 복종하라면,
그것만은 복종할 수가 없습니다.
다른 사람에게 복종하려면
당신에게 복종할 수가 없는 까닭입니다.

평생을 알라에게 복종하는 무슬림으로 살아왔는데, 갑자기 다른 이(예수 그리스도)에게 복종하라는 주변의 음성을 들으니 그것만은 복종할 수가 없다고, 그러면 알라에게 복종할 수 없게 된다고 버티고 있는 자들이 무슬림이다. 그러므로 세계관의 온전한 변화, 즉 더 이상 알라에게 복종할 수 없고 예수 그리스도께 복종(예수 그리스도를 삶의 주인으로 모심)하겠다는 결심이야말로 우리 모든 사역자가 꿈꾸고 도전해야 하는 영역이어야 한다.

새로운 사역지는 이제 더 이상 비행기를 타고 이동해야만 갈 수 있는 머나먼 곳에 있지 않다. 우리 집 문만 열고 나가면 그 앞에 서 있는 타문화권 외국인들을 만날 수 있게 되었다. 다시 말하건대, 우리는 우리가 살고 있는 집 문만 열고 나가면 타문화권 사람들을 만날 수 있는 '문밖의 선교 시대'를 살아가고 있다. 1990년대 문민정부가 강조한 '세계화'(globalization) 이후, 우리나라에 외국인 노동자들이 대거 입국하기 시작하였다. 이로부터 10여 년이 지난 시점인 2005년에 성공회대 선교학 교수인 양근

석은 "이주민 노동자를 위한 선교는 우리나라의 세계화와 아울러 눈부시게 증가하였으며, 그들에 관한 이슈는 기독교 선교의 국가적 우선순위가 되었다"라고 이미 예견한 바 있다. 이 이주민 노동자들 가운데 10%의 비율을 차지하고 있는 이들이 무슬림이라는 사실을 기억해야 한다. 무슬림들은 하나님의 사랑을 나눌 우리의 이웃이라는 점을 간과해서는 안 된다.

지금 대한민국은 자유가 있고, 안전하고, 부유한 국가이며, 일한 만큼 대가를 받을 수 있는 나라가 되었다. 그래서 우리나라는 어차피 무슬림 이주민과 정치적 난민이 계속 증가할 수밖에 없다. 안전과 평화, 법과 질서, 발전한 국가, 좋은 직장과 우수한 교육, 종교적 자유, 친절함과 도움의 손길, 한국인과의 결혼이라는 이유 등으로 이들은 한국에 더 오래 살고 싶어 한다. 이슬람의 사회적 관습이 한국의 문화와 많이 달라서 한국인 무슬림은 증가하지 않을 것이나, 외국인 무슬림은 이주로 인하여 계속 증가할 것이라는 연구결과는 끊임없이 나오고 있다. 이러한 연구결과는 이들에게 복음을 전할 기회도 상대적으로 더 많이 늘어나고 있다는 사실을 우리에게 알려준다. 그런데도 국내의 무슬림이 더 증가할 것이라는 두려움이 복음을 전할 기회를 가려서는 안 될 일이다.

이 책에 마침표를 찍기 전에 마가복음 12:28-34의 말씀을 나누고자 한다. 서기관 중 한 사람이 예수님께 나아와 물었다. "모든 계명 중에 첫째가 무엇입니까?" 이때 예수님께서 질문에 대답하셨다. "첫째는 주 너의 하나님을 사랑하라! 둘째는 네 이웃을 네 자신과 같이 사랑하라!" 그러자 그 서기관이 이렇게 대답했다. "옳소이다. 마음을 다하고 지혜를 다하고 힘을 다하여 하나님을 사랑하는 것과 또 이웃을 자기 자신과 같이 사랑하는 것이 모든 번제물과 기타 제물보다 낫습니다." 예수님께서 서기관이 지혜롭게 대답함을 보시고 말씀하셨다. "네가 하나님의 나라에서 멀지 않도다." 그 후에 아무도 감히 묻는 자가 없었다. 우리는 한국교회에 찾아온 고아요, 과부요, 나그네인 국내 아랍 이주민을 맞이하여 우리의 과거를 기억하고 그들에게 사랑으로 행해야 한다. 이처럼 마음과 목숨과 뜻과 힘을 다하여 하나님을 사랑하고 이웃을 나 자신처럼 사랑한다면, 우리에게 보내주신 아랍 이주민들이 하나님의 사랑 안에 풍성히 거하게 될 것이라 믿어 의심치 않는다. 아무쪼록 이슬람을 바로 이해하여 두려움을 떨쳐 버리고, 무슬림을 사랑으로 대하여 친구가 되고, 궁극적으로는 하나님의 사랑을 그들에게 나타낼 수 있는 한국교회가 되기를 간절히 기원하며 마침표를 찍는다.

# 주

## 감사의 말

1 Middle East and North Africa 의 약어로서 아랍 22 개국이 자리 잡고 있는 중동과 북아프리카 지역을 일컫는 말이다. 본서에서는 이 지역 출신으로서 한국으로 건너와 살고 있는 아랍인을 가리킬 때 문맥에 따라 MENA 출신 무슬림, 혹은 MENA 출신 BMB 라 사용하였다.

2 MBTS(Malysia Baptist Theological Seminary) D.Miss. 논문으로 제목은 "한국 내 중동 및 북아프리카 무슬림 공동체를 대상으로 한 교회개척 전략: 문화와 세계관 차이를 중심으로"(A Church Planting Strategy for the Middle Eastern and North African Muslim Communities in Korea with a Focus on Culture and Worldview Differences)이다.

## 1_우리에게 다가온 무슬림

1 중동 12 개국: 레바논, 바레인, 사우디아라비아, 시리아, 아랍 에미리트, 예멘, 오만, 요르단, 이라크, 카타르, 쿠웨이트, 팔레스타인; 아프리카 10 개국: 리비아, 모로코, 모리타니아, 소말리아, (북)수단, 알제리, 이집트, 지부티, 코모로, 튀니지.

2 광역시(부산, 대구, 대전, 인천, 광주), 경기도(광주, 안양, 부평, 안산, 파주, 포천, 김포), 경상도(구미, 창원, 김해), 전라도(전주). 이 외에 제주, 연천, 양주, 화성 성원이 건축 중이다. 성원의 절반(10 개)이 경기도에 밀집해 있다.

## 2_이슬람 문화와 세계관

1 무슬림에서 기독교인으로 회심한 자들은 지금도 MBB(Muslim Background Believers)
라 널리 일컬어지고 있는데, 대부분 회심자는 자신들을 가리킬 때 '무슬림'이라는 단
어가 제일 앞에 오는 것을 싫어한다. 이러한 부정적인 이미지를 피하고 신자라는 단
어를 먼저 사용하기 위해 'Believers from Muslim Background'로 부르자는 더들리 우
드베리(J. Dudley Woodberry) 교수의 제안에 따라 본서에서 사용하였다.

2 Louis L. Luzbetak, *The Church and Cultures* (Maryknoll: Orbis Books, 1996), 74.

3 Lloyd E. Kwast, "Understanding Culture," in *Perspectives* Vol. 2 (서울: 예수전도단,
2010), 31-34.

4 Enoch Jinsik Kim, *Receptor-Oriented Communication for Hui Muslims in China*
(Eugene, Oregon: Pickwick Publications, 2018), 196.

5 Roland Müller, *The Messenger, the message and the community: Three critical issues
for the cross-cultural church planter* (Isstanbul: Anadolu Ofset, 2006), 146.

6 منزلي منزلك، منزلك منزلي

7 السّلطان ظل الله في الأرض

8 Paul Hiebert, *Transforming worldviews: An Anthropological understanding of how p-
eople change*(21 세기 선교와 세계관의 변화), 홍병룡 역 (서울: 복 있는 사람, 2010),
159.

9 Hiebert, 『21 세기 선교와 세계관의 변화』, 30-31.

10 Hiebert, 『21 세기 선교와 세계관의 변화』, 123.

11 Hiebert, 『21 세기 선교와 세계관의 변화』, 463.

12 이규태는 『한국인의 의식 구조』(1983)에서 한국인의 세계관을 대변하는 한국인의 의
식구조를 다음과 같이 열거하였다. 열등의식, 서열 의식, 상향 의식, 집단의식, 은폐
의식, 통찰 의식, 금욕 의식, 가족 의식, 체면 의식, 내향 이식, 공공 의식, 지족(知足)
의식, 전용(專用) 의식, 권위 의식, 비타산(非打算) 의식, 의존 의식, 숙명 의식, 귀소
(歸所) 의식, 덤 의식, 과도(過渡) 의식, 극단 의식, 인간 의식, 한(恨), 비하 의식, 차등
의식, 자학 의식, 남존 의식, 명분 의식, 내세관 등.

13 Phil Parshall, *New paths in muslim evangelism*(무슬림 전도의 새로운 방향), 채슬기
역 (고양: 예루살렘, 2003), 94-95.

14 Hiebert, 『21 세기 선교와 세계관의 변화』, 172-91.

15 Paul Hiebert, *Anthropological Reflections on Missiological Issues*(인류학적 접근을 통
한 선교현장의 문화 이해), 김영동, 안영권 역 (서울: 죠이선교회 출판부, 1997),
195-97.

16 Louis L. Luzbetak, *The Church and Cultures* (Maryknoll: Orbis Books, 1996), 292-
96.

17 (1) 시각장애인: 세계관이 변화하고, 그 사실을 공개함.
(2) 시각장애인 부모: 세계관이 변화된 듯하나, 결과의 두려움 때문에 드러내지 못함.
(3) 대부분의 바리새인: 세계관의 변화보다는 고수하기 원함.
(4) 어떤 바리새인: 적어도 세계관 변화의 언저리에까지 와서 고민함.

18 Charles H. Kraft, *Anthropology for Christian Witness* (Maryknoll: Orbis Books, 1996), 434.

19 Louis L. Luzbetak, *The Church and Cultures* (Maryknoll: Orbis Books, 1996), 245-46.

20 Paul Hiebert, *Anthropological Insights for Missionaries*(선교와 문화인류학), 김동화, 이종도, 이현모, 정응호 역 (서울: 죠이선교회 출판부, 1996), 348.

21 Hiebert, 『선교와 문화인류학』, 300.

22 Hiebert, 『선교와 문화인류학』, 315-16.


# 3_'이슬람' 포비아 떨쳐버리기

1 포비아는 공포증 혹은 혐오증(네이버 국어사전)이란 뜻으로, '이슬람' 포비아는 이슬람을 혐오하며 두려워하는 것을 가리킨다.

2 이 시기에 출판사 '글마당'에서 출간한 '이슬람이 몰려온다' 책 시리즈 제목은 다음과 같다.
1. 이슬람과 유대인 그 끝나지 않은 전쟁
2. 이슬람과 테러리즘 그 뿌리를 찾아서
3. 무함마드의 계시는 왜 자꾸만 바뀔까?
4. 테러, 당신도 예외가 아니다
5. UN 인권선언에서 바라본 이슬람
6. 이슬람 서방세계와 문화충돌
7. 이슬람 테러리스트의 마음 엿보기
8. 무함마드와 함께 하는 커피 한 잔
이 밖에도 위 주제와 관련한 몇 권의 책이 더 출판되었다.

3 사실은 다음과 같은 9단계였다.
1단계: 한 국가에 무슬림 인구가 1% 내외, 평화를 사랑하는 소수그룹 지향(미국, 호주, 캐나다, 중국, 이탈리아, 노르웨이 등)
2단계: 무슬림 인구 2-3%, 감옥에 수감된 재소자들을 집중적으로 개종 시도(덴마크, 독일, 영국, 스페인, 태국 등)
3단계: 무슬림 인구 5% 이상, 정부로부터 샤리아법의 적용 허락을 받음(프랑스, 필리핀, 스웨덴, 스위스, 네덜란드, 트리니다드 토바고 등)
4단계: 무슬림 인구 10% 이상, 무슬림은 자신들의 상황을 불평함으로 법률을 무시하는 일을 증가시킴(가이아나, 인도, 이스라엘, 케냐, 러시아 등)

　　5단계: 무슬림 인구 20% 이상, 지하드군단 조직, 산발적인 살해와 교회와 회당 방화(에티
　　　　오피아 등)
　　6단계: 무슬림 인구 40% 이상, 광범위한 학살이 자행되고 상습적인 테러 발생(보스니아,
　　　　차드, 레바논 등)
　　7단계: 무슬림 인구 60% 이상, 전혀 구속받지 않고 기독교와 다른 종교를 탄압(알바니아,
　　　　말레이시아, 카타르, 수단 등)
　　8단계: 무슬림 인구 80% 이상, 국가 주도로 대규모 인종청소와 대학살 자행(방글라데시,
　　　　인도네시아, 파키스탄, 팔레스타인, 이집트, 이란, 이라크, 요르단, 모로코, 시리아,
　　　　타지키스탄, 터키, 아랍 에미리트 등)
　　9단계: 무슬림 인구 100%, 이슬람 율법이 국가 최고법으로 신정일치 체제를 구현(아프카
　　　　니스탄, 사우디아라비아, 소말리아, 예멘 등)

4 　문자적으로는 '무슬림에 대해 관심을 가지며, 좋아함'이란 뜻으로서 무슬림에 대한 긍
　　정적 사고와 자세를 가리키는 용어이나, 필자는 '무슬림을 하나님의 말씀(명령)에 따
　　라 무조건적으로 사랑하는 마음과 태도'라는 뜻으로 사용하였다.

5 　이 주제와 관련하여서는 Rick Brown 의 다음 아티클을 참조하라. 2006 "Who is
　　Allah?," *International Journal of Frontiers Missions* 23:2 Summer; 2008 "What God
　　Do Muslims Worship?," *Mission Frontiers* September-October; 2012 "Who Was
　　'Allah' before Islam?," Essays in *Honor of J. Dudley Woodberry*, William Carey
　　Library.

6 　Chawkat G. Moucarry, *Faith to faith:Christianity & Islam in dialogue*(기독교와 이슬
　　람의 대화: 아랍 그리스도인이 본 이슬람), 한국이슬람연구소 역 (서울: 예영 커뮤니
　　케이션, 2003), 92.


# 4_국내 아랍 무슬림의 삶의 현장

1 　2022 년 1 월 기준.

2 　'불법체류자'라고 불려 온 사람들을 가리키는 말이다. 불법(illegal)이라는 단어가 주는
　　혐오감, 인권침해적인 요소 등을 감안하여 '본인은 등록을 원하지만, 국가가 판단하여
　　등록을 허락하지 않은 상태의 외국인'이란 뜻으로 사용하기 시작했다. 사역자 또한 불
　　법체류자를 도우면 마치 불법인 것처럼 여겨질 수 있는데, '미등록 외국인'이란 용어
　　의 사용은 국가나 해당 개인이나 사역자 모두에게 부정적인 의미를 제할 수 있으므로
　　널리 사용하기를 강력히 제안한다.

3 　2022 년 1 월 기준.

4 　법무부 난민통계자료에서 발췌, https://jmpc2021.tistory.com/469 참조.

5 　https://zigzagworld.tistory.com/189 참조.

6 　NVivo 프로그램은 질적 및 혼합 방법 연구를 지원하는 소프트웨어이다. 이 소프트웨
　　어는 개방형 설문조사 응답, 기사, 소셜 미디어 및 웹 콘텐츠와 같은 구조화되지 않은
　　질적 데이터를 구성, 분석하고 통찰력을 찾기 위해 설계되었다. 질적 데이터를 다룰

때 NVivo 를 사용하지 않을 경우 작업은 더 많은 시간이 소요되며, 관리하기 쉽지 않고 처리하기가 어려워지는데, NVivo 는 좀 더 효율적인 방법으로 데이터에 질문을 할 수 있도록 도구를 제공하는 프로그램이라 할 수 있다.

## 5_국내에서 무슬림으로 살아가기

1  Christian Background Believer 의 약어이다.

2  Paul Hiebert, *Transforming worldviews: An Anthropological understanding of how people change*(21 세기 선교와 세계관의 변화), 홍병룡 역 (서울: 복 있는 사람, 2010), 634.

3  David Greenlee, *Longing for Community*(공동체를 향한 갈망), 김요한, 백재현, 전병희 역 (서울: 인사이더스, 2014), 114-22.

4  Hiebert, 『21 세기 선교와 세계관의 변화』, 588.

5  Scott Sunquist, *Understanding Christian Mission*(기독교 선교의 이해), 이용원, 정승현 역 (인천: 주안대학원대학교 출판부, 2015), 615-16.

6  Sunquist, 『기독교 선교의 이해』, 618.

7  Hiebert, 『21 세기 선교와 세계관의 변화』, 601.

8  Hiebert, 『21 세기 선교와 세계관의 변화』, 608.

9  Hiebert, 『21 세기 선교와 세계관의 변화』, 588.

10  이태웅, "선교와 회심," 『회심: 거듭남의 의미와 적용』, 홍성철 편 (서울: 도서출판 세복, 1998), 197.

11  Winter 외. *Perspectives* Vol. 2 (서울: 예수전도단, 2010), 517.

12  Paul Hiebert, *Anthropological Insights for Missionaries*(선교와 문화인류학), 김동화, 이종도, 이현모, 정응호 역 (서울: 죠이선교회 출판부, 1996), 303.

13  Winter 외. *Perspectives* Vol. 2 (서울: 예수전도단, 2010), 519.

14  Don Little, *Effective Discipling in Muslim Communities: Scripture, History, and Seasoned Practices* (InterVarsity Press Academic, 2015), 371, 398.

15  Reinhold Straehler, "Conversions from Islam to Christianity in the Sudan," Th.M.(Missiology), (University of South Africa, 2005), 81.

16  Straehler, "Conversions from Islam to Christianity in the Sudan," 67.

17  Greenlee, 『공동체를 향한 갈망』, 5-12.

18  David, Teeter, "Dynamic Equivalent Conversion for Tentative Muslim Believers," *Missiology: An International Review* 18 (1990): 307.

19  Teeter, "Dynamic Equivalent Conversion for Tentative Muslim Believers," 305.

20 Phil Parshall, *New paths in muslim evangelism*(무슬림 전도의 새로운 방향), 채슬기 역 (고양: 예루살렘, 2003), 118.

21 Teeter, "Dynamic Equivalent Conversion for Tentative Muslim Believers," 309.

22 Teeter, "Dynamic Equivalent Conversion for Tentative Muslim Believers," 307.

23 이나빌, 『그들은 왜 이슬람을 떠나는가』 (서울: CLC, 2021), 12.

## 6_교회개척 이론과 교회개척의 자세

1 Craig Van Gelder, *The Essence of the Church*(교회의 본질), 최동규 역 (서울: CLC, 2015), 181-91.

2 J. Dudley Woodberry, *From seed to fruit*(씨앗에서 열매로), 김아영 역 (서울: 좋은 씨앗, 2011), 303.

3 Elmer Towns, Porter Douglas, *Churches that multiply*(사도행전식 교회개척), 김재권 역 (서울: 생명의 말씀사, 2005), 8-9.

4 Paul Hiebert, *Transforming worldviews: An Anthropological understanding of how people change*(21 세기 선교와 세계관의 변화), 홍병룡 역 (서울: 복 있는 사람, 2010), 486.

5 Hiebert, 『21 세기 선교와 세계관의 변화』, 491.

6 이대흠, "한국에 있는 난민선교의 책무," 『난민, 이주민, 탈북민에 대한 선교 책무』, 김진봉 편 (서울: 두란노, 2018), 401-07.

7 Sherwood G. Lingenfelter, Marvin K. Mayers, *Ministering Cross-Culturally*(문화적 갈등과 사역), 왕태종 역 (서울: 죠이선교회, 1989), 20.

8 Lingenfelter and Mayers, 『문화적 갈등과 사역』, 21.

9 Johan Galtung, et al, "The Muslim Diaspora in Europe and The USA," *Transcend Research Team* (2012): 3.

10 최형근, "선교적 교회개척(Missional Church Planting)," 『현대선교』 20 (2017): 10.

11 최형근, "선교적 교회개척(Missional Church Planting)," 11.

12 최형근, "선교적 교회개척(Missional Church Planting)," 23.

13 최형근, "선교적 교회개척(Missional Church Planting)," 25.

14 John Fuellenbach, *Church: Community for the Kingdom* (New York: Orbis Books, 2002), 114.

15 Fuellenbach, *Church: Community for the Kingdom*, 114.

16 Avery Cardinal Dulles, *Models of the Church* (New York: Doubleday, 2002), 196.

17 Dulles, *Models of the Church,* 198.

18 Dulles, *Models of the Church,* 200.

19 Darrin Patrick, *Church planter:the man, the message, the mission*(교회개척자), 이지혜 역 (서울: 복 있는 사람, 2011), 60.

20 Patrick, 『교회개척자』, 110.

21 Tom A. Steffen, *Passing the Baton*(타문화권 교회개척), 김한성 역 (서울: 토기장이, 2010), 33.

22 Steffen, 『타문화권 교회개척』, 377-81.

23 Steffen, 『타문화권 교회개척』, 53.

24 Harvie M. Conn, *Evangelism: Doing Justice and Preaching Grace* (Grand Rapids: Zondervan, 1982), 12.

25 김요한, 『무슬림 가운데 오신 예수』 (서울: 인사이더스), 76.

26 Abd AlMasih, *Dialogue with Muslim*(무슬림과의 대화), 이동주 역 (서울: CLC, 2008), 34, 39.

27 Paul Hiebert, *Anthropological Reflections on Missiological Issues*(인류학적 접근을 통한 선교현장의 문화 이해), 김영동, 안영권 역 (서울: 죠이선교회 출판부, 1997), 113-16.

## 7_국내 아랍 무슬림을 위한 단계별 사역

1 일반적으로 개종이란 '믿던 종교를 바꾸어 다른 종교를 믿는 행위'를 가리키는 단어로서 많은 문헌에서 사용해 온 단어이다. 본서에서도 이 단어를 인용한 문헌에 따라 그대로 인용한 경우가 대부분이나, 필자는 이를 회심이라고 불러야 마땅하다고 생각한다. 회심은 영적 생명을 선물로 주시기 위한 하나님의 주도적 사역으로서 그의 행동과 가치관과 신념을 비롯한 세계관에 변화를 가져오는 것이다. 그러나 그의 세계관은 단회적으로 완전히 변화될 수 없으므로 하나님의 말씀이 끊임없이 그에게 적용되어야 한다.

## 8_소수 사랑공동체 형성하기

1 Sam Schlorff, "Theological and Apologetical Dimensions of Muslim Evangelization," *Westminster Theological Journal* vol. 42(2) (1980): 360.

2 Schlorff, "Theological and Apologetical Dimensions of Muslim Evangelization," 294, 323.

3  Dave Cashin, "Diaspora Ministry to Muslims in Japan, New Zealand and Sweden," *Diaspora Missiology* 4(11) (2014): 2.

4  Bill Hull, *Seven Steps to Transform Your Church*(변혁, 21 세기 교회의 생존 전략), 마영례 역 (서울: 도서출판 디모데, 1997), 212.

5  Hull, 『변혁, 21 세기 교회의 생존 전략』, 226-29.

6  Rodney Stark, *The Rise of Christianity: How to obscure, Marginal Jesus Movement Became the Dominant Religious Force in the Western World in a Few Centuries* (N. J. Princeton University Press, 1996), 7.

7  Rebecca Lewis, "Strategizing for Church Planting Movements in the Muslim World," *International Journal of Frontier Missions* Summer (2004): 73.

8  Lewis, "Strategizing for Church Planting Movements in the Muslim World," 74-77.

9  Victor Turner, *From Ritual to Theater:The Human Seriousness of Play*(제의에서 연극으로: 놀이의 인간적 진지성), 김익두, 이기우 역 (서울: 민속원, 2014), 28, 72.

10  Robert Banks, *Paul's Idea of Community*(바울의 공동체 사상), 장동수 역 (서울: IVP, 1994), 74-75, 77.

11  Banks, 『바울의 공동체 사상』, 97.

12  Sam Schlorff, *Missiological models in ministry to Muslims*(무슬림 사역의 선교학적 모델), 김대옥, 전병희 역 (서울: 도서출판 바울, 2012), 326-28.

13  Darrin Patrick, *Church planter:the man, the message, the mission*(교회개척자), 이지혜 역 (서울: 복 있는 사람, 2011), 123.

14  김요한, 『신령한 오이코스』 (서울: 인사이더스, 2017), 243.

15  Evelyn Hibbert, "Considering a gendered approach to church planting in Muslim-background contexts," *Missiology: An International Review* 11 December (2014): 286.

16  Hibbert, "Considering a gendered approach to church planting in Muslim-background contexts," 288, 291.

17  Hibbert, "Considering a gendered approach to church planting in Muslim-background contexts," 292.

18  Hibbert, "Considering a gendered approach to church planting in Muslim-background contexts," 293.

19  김일권, 『우드베리의 이슬람 선교신학』 (서울: CLC, 2018), 272.

## 9_'형제사랑 윤활유' 치기

1  Mohammad Hassan Khalil, Mucahit Silici. "Conversion Out of Islam: A Study of Conversion Narratives of Former Muslims," *The Muslim World* vol. 97 (2007): 113-15.

2  Khalil and Silici. "Conversion Out of Islam: A Study of Conversion Narratives of Former Muslims," 118.

3  Khalil and Silici. "Conversion Out of Islam: A Study of Conversion Narratives of Former Muslims," 118.

4  Khalil and Silici. "Conversion Out of Islam: A Study of Conversion Narratives of Former Muslims," 120.

5  Khalil and Silici. "Conversion Out of Islam: A Study of Conversion Narratives of Former Muslims," 118.